Einaudi Ragazzi
GOLD

© 1980 Maria Ferretti Rodari e Paola Rodari per il testo
© 2010 Edizioni EL
© 2017 Edizioni EL, via J. Ressel 5, 34018
San Dorligo della Valle (Trieste), per la presente edizione
ISBN 978-88-6656-415-7

www.edizioniel.com

Le fiabe, uscite fra il 1949 e il 1969 sulla «Domenica dei piccoli», inserto di «l'Unità», sul «Pioniere» e sul «Corriere dei Piccoli», nel 1987 sono state raccolte in volume dagli Editori Riuniti.

Gianni Rodari

Fiabe lunghe un Sorriso

Illustrazioni di
Sophie Fatus

Einaudi Ragazzi

Fiabe lunghe un sorriso

Le fiabe di Lino Picco

La macchina per fare i compiti

Un giorno bussò alla nostra porta uno strano tipo: un ometto buffo, vi dico, alto poco piú di due fiammiferi. Aveva in spalla una borsa piú grande di lui.
– Ho qui delle macchine da vendere, – disse.
– Fate vedere, – disse il babbo.
– Ecco, questa è una macchina per fare i compiti. Si schiaccia il bottoncino rosso per fare i problemi, il bottoncino giallo per svolgere i temi, il bottoncino verde per imparare la geografia. La macchina fa tutto da sola in un minuto.
– Compramela, babbo! – dissi io.
– Va bene, quanto volete?
– Non voglio denari, – disse l'omino.
– Ma non lavorerete mica per pigliar caldo!

— No, ma in cambio della macchina non voglio denari. Voglio il cervello del vostro bambino.
— Ma siete matto? — esclamò il babbo.
— State a sentire, signore, — disse l'omino, sorridendo, — se i compiti glieli fa la macchina, a che cosa gli serve il cervello?
— Comprami la macchina, babbo! — implorai.
— Che cosa ne faccio del cervello?
Il babbo mi guardò un poco e poi disse:
— Va bene, prendete il suo cervello e non se ne parli piú.
L'omino mi prese il cervello e se lo mise in una borsetta. Com'ero leggero, senza cervello! Tanto

leggero che mi misi a volare per la stanza, e se il babbo non mi avesse afferrato in tempo sarei volato giú dalla finestra.
— Bisognerà tenerlo in una gabbia, adesso, — spiegò l'ometto.
— Ma perché? — domandò il babbo.
— Non ha piú cervello, ecco perché. Se lo lasciate andare in giro, volerà nei boschi come un uccellino e in pochi giorni morirà di fame!
Il babbo mi rinchiuse in una gabbia, come un canarino. La gabbia era piccola, stretta, non mi potevo muovere. Le stecche mi stringevano, mi stringevano tanto che... alla fine mi svegliai spaventato. Meno male che era stato solo un sogno! Vi assicuro che mi sono subito messo a fare i compiti.

Il trenino

Il treno che va da Poot a Paet lo chiamano «il trenino», pare quasi di poterlo mettere in tasca da tanto che è piccolo.
C'è una sola carrozza e i posti sono tutti vicino ai finestrini. La carrozza è stretta stretta, ma per i signori grassi hanno fatto dei gonfi nelle pareti: i signori grassi salgono, accomodano il pancione nei gonfi e chiudono gli occhi, beati. Perché i signori grassi dormono sempre, in treno?
Qualche volta nella stagione della frutta il macchinista Adalgiso ferma il treno in mezzo ai campi, si arrampica sugli alberi a rubare le pere: dal trenino tutti lo vedono e gli strizzano l'occhio. Quando c'è la nebbia e non si vede niente, il controllore si mette dietro ai bambini e dice lui quello che c'è da vedere: è tanto che fa

questo viaggio che sa tutto il paesaggio a memoria.

— A destra, — dice, — c'è un campo di granoturco, a sinistra una ragazza bionda che sventola un fazzoletto rosso. A sinistra c'è il lago.

Quando si deve scendere i signori grassi fanno un po' di fatica a levare la pancia dai gonfi. Il controllore li aiuta tirandoli per le spalle: — Un piccolo sforzo, signor Luitpoldo —. Il signor

Luitpoldo è il piú grasso di tutti, suda e sbuffa ma la pancia non viene fuori.
Deve mettersi a tirare anche il macchinista Adalgiso e infine anche il signor Luitpoldo può scendere dal treno. Allora si volta la macchina e si aspetta l'ora di ripartire.

Il signor Boemondo

Il signor Boemondo è un uomo buffo. Che cosa non immagina per far divertire i bambini? Eccolo in treno: davanti a lui siedono i bambini e cominciano già a bisticciarsi perché tutti vogliono il posto vicino al finestrino.
– Pace, pace, – esclama il signor Boemondo.
– Facciamo invece un bel gioco.
I bambini si preparano al bel gioco.
– Ora voltatevi un momento, guardate soltanto quando io ve lo dirò.
I bambini si voltano e guardano: il papà non c'è piú. Al suo posto è seduta una vecchia signora con un pappagallo sulla spalla. Il pappagallo ha le penne verdi e gialle e strilla forte: – Voglio stare al finestrino, voglio stare al finestrino.
I bambini ridono fino alle lacrime, cosí non si accorgono che la vecchia signora è scomparsa, e

al suo posto un frate si accarezza la barba lunga fino a terra. Egli guarda severamente i bambini, che diventano subito muti come pesci.
— Eh, eh, — fa il vecchio frate.
I bambini stanno zitti. — Eh, eh, — fa ancora il frate. I bambini stanno per piangere, si guardano la punta delle scarpe, cosí non vedono quando il frate scompare anche lui. Quando alzano gli occhi, un signore piccolissimo saltella sul sedile e ride come un pazzarello.
I bambini ridono.
— Come vi chiamate, signore piccolo piccolo?
— Mi chiamo Boiardo.
— Perché?

– Perché mi piace il lardo.
– Che stupidaggini, – borbotta una vecchia signora vestita di arancione.
Ma i bambini ridono come matti. L'ometto comincia a gonfiarsi, si gonfia sempre piú. O Signore, come diventa alto e grosso! Op, là. È ridiventato il signor Boemondo, i bambini abbracciano felici il papà.
La signora vestita di arancione protesta:
– Non dovrebbe essere permesso in treno fare certe sciocchezze.
– È vietato fumare, è vietato sputare, ma io non fumo e non sputo, – dice il signor Boemondo.
La gente ride. La vecchia signora si arrabbia e vorrebbe far chiamare il controllore. Per fortuna siamo arrivati.
Però prima di scendere il signor Boemondo si soffia il naso. Come fa? Si stacca il naso dalla faccia e lo strofina ben bene nel fazzoletto: intanto guarda la signora vestita di arancione e le strizza l'occhio. La gente ride. Soltanto la signora diventa rossa come una bandiera e si volta dall'altra parte. Il signor Boemondo si riattacca il naso: poi, lui e i bambini in fila, discendono dal treno e se ne vanno.

La casa del signor Venceslao

Quando meno ve l'aspettate, alzando la testa vedete passare a gran velocità la casa del signor Venceslao. La casa intera, dal tetto alle fondamenta, vi passa sulla testa dondolando dolcemente come un aeroplano. Il comignolo manda un fumo nerastro che si allunga come quello di una locomotiva. Sotto la casa sono appesi sacchi di carbone, bottiglie di vino, vecchie damigiane: la cantina, insomma. Il signor Venceslao, affacciato ad una finestra del primo piano, accarezza la pipa, pensieroso, e non si accorge di voi.
La gente guarda in su e dice: – Il signor Venceslao è diventato matto. Guardate se è la maniera di andarsene in giro come se la sua casa fosse un aeroplano.
– Bisognerebbe avvertire la polizia, – dice

qualcuno, — perché il signor Venceslao non ha il brevetto di pilota, e potrebbe far succedere qualche guaio.

La casa attraversa in pochi minuti il cielo e scompare dietro la collina. Dopo un poco riappare, attraversa il cielo in senso contrario, discende verso terra e si ferma vicino al villaggio, cento metri dietro la chiesa, insomma nel luogo dove la casa è stata fabbricata.

— Ecco, — dice la gente, — il signor Venceslao ha finito la sua passeggiata.

— Il signor Venceslao sta alla finestra e fuma la pipa.

— Ha qualche rotella della testa che non funziona, — dice la gente.

Queste passeggiate il signor Venceslao le fa sempre verso sera. Siete lí a parlare con lui tranquillamente, lui seduto alla finestra del piano terreno e, improvvisamente, lui vi saluta con la mano, la casa con un fischio sottile si stacca dalle fondamenta e si innalza nel cielo. Fa due o tre giri intorno al campanile, poi si dirige verso le colline.

La pianta Paolino

Il contadino Pietro rimase molto meravigliato quando gli nacque un bambino con i capelli verdi. Pietro aveva visto gente con i capelli neri, biondi e rossi; aveva anche sentito parlare di una certa fata dai capelli turchini, ma capelli verdi proprio non ne aveva mai visti. Le donne che venivano a vedere il bambino dicevano:
— Sembra che abbia in testa l'insalata —. Cosí il bambino fu battezzato: Paolino lo chiamò il padre, Paolino Insalata lo chiamarono le donne. Furono fatti venire dei dottori a vedere quei capelli: dissero che non era niente, scrissero una ricetta, se ne andarono e i capelli rimasero verdi come prima. Quando il bambino ebbe due anni andò nei prati assieme al nonno a pascolare una capretta. Ed ecco che, ad un tratto, la capretta gli si avvicinò, e sotto gli occhi del nonno gli

brucò via in quattro e quattr'otto tutti i capelli, lasciandogli la testa rasa come un prato appena falciato. Cosí si poté capire che i capelli verdi di Paolino non erano capelli verdi ma erba, una bella erbetta fresca e soffice che cresceva molto in fretta. – Potrai mantenere una capra anche in mezzo al mare, – rise il padre di Paolino.
A primavera, tra il verde, proprio in mezzo alla testa, apparve una bella margherita gialla. Tutti venivano da lontano per vedere il bambino a cui crescevano le margherite in testa.
Paolino diventò un giovinetto e una volta

commise una cattiva azione: subito invece della
bella erbetta gli spuntò sulla testa un ciuffo di
gramigna folta e spinosa. Paolino si vergognava
molto di andare in giro con quelle erbacce che
gli ricadevano sugli occhi: perciò in seguito
procurò di non commettere mai cattive azioni.
Col passare degli anni cominciò a crescere, in
mezzo all'erba, una pianticina: si scoprí che era
una quercia, e che diventava sempre piú robusta
e forte con l'invecchiare di Paolino. A
cinquant'anni era un bel querciolo.
Paolino non aveva bisogno di piante per stare
all'ombra, d'estate: gli bastava quella che gli
cresceva in testa, che dava un'ombra fresca e
ventilata.
Quando Paolino ebbe ottant'anni, la quercia era
diventata tanto grande che gli uccelli vi facevano
il nido, i bambini vi si arrampicavano a giocare
tra i rami, i mendicanti che entravano nel
cortile, per chiedere un uovo o un po' d'acqua,
si riposavano un po' all'ombra di Paolino e non
finivano mai di lodarlo per la sua bontà.
Quando morí, Paolino fu sepolto in piedi, di
modo che la pianta potesse continuare a vivere e
crescere all'aria aperta. Ora è una vecchissima
quercia frondosa e la chiamano la «pianta

Paolino». Tutt'in giro ci hanno messo una panchina verniciata di verde, le donne vi si siedono a far la calza, i contadini a mangiare la minestra e a fumare la pipa.
I vecchi restano lí seduti fin che viene il buio: si vedono i fornelli rossi delle loro pipe. Prima di andare a dormire salutano il loro amico Paolino:
— Buona notte, Paolino, eri proprio un bravo ragazzo.

L'omino della pioggia

Io conosco l'omino della pioggia. È un omino leggero leggero, che abita sulle nuvole, salta da una nuvola all'altra senza sfondarne il pavimento soffice e vaporoso.
Le nuvole hanno tanti rubinetti. Quando l'omino apre i rubinetti, le nuvole lasciano cadere l'acqua sulla terra. Quando l'omino chiude i rubinetti, la pioggia cessa. Ha un gran da fare, l'omino della pioggia, sempre ad aprire e chiudere i rubinetti e qualche volta si stanca. Quando è stanco

stanchissimo si sdraia su una nuvoletta e si addormenta. Dorme, dorme, dorme, e intanto ha lasciato aperti tutti i rubinetti e continua a piovere. Per fortuna un colpo di tuono piú forte di tutti gli altri lo sveglia. L'omino salta su ed esclama: — Povero me, chissà quanto tempo ho dormito!

Guarda in basso e vede i paesi, le montagne ed i campi grigi e tristi sotto l'acqua che continua a cadere. Allora comincia a saltare da una nuvola all'altra, chiudendo in fretta tutti i rubinetti. Cosí la pioggia cessa, le nuvole si lasciano spingere lontano dal vento e muovendosi cullano dolcemente l'omino della pioggia, che cosí si addormenta di nuovo.

Quando si sveglia esclama: — Povero me, chissà quanto tempo ho dormito!

Guarda in basso e vede la terra secca e fumante, senza una goccia d'acqua. Allora corre in giro per il cielo ad aprire tutti i rubinetti. E va sempre avanti cosí.

Il biglietto numero 13

Quando vado in tram, io trovo sempre un signore antipatico, con la testa come un uovo e il naso a uncino, piccolo piccolo che si fa fatica a vederlo e cosí noioso che dà fastidio a tutti.
Il tranviere gli dà il biglietto.
– Non lo voglio! – strilla il signore antipatico.
Il tranviere domanda gentilmente: – Perché?
– Perché è il biglietto numero 13 e porta sfortuna.
Il tranviere è tanto cortese e si mette a spiegargli che non è vero che il 13 porta sfortuna, che non bisogna credere a queste storie.
– Lei stia zitto! – grida il signore con la testa a uovo di gallina. – Io sono un signore molto importante e ho piú ragione di lei!
Tanto per non litigare il tranviere gli cambia il biglietto e gliene dà uno con il numero 14.

— Se lo tenga! Se lo tenga! — urla il signore antipatico. Fa dei salti come se gli avessero pestato un callo.
— Ma perché? — domanda stupito il tranviere.
— Perché è giallo! Se non è verde non lo voglio!
— Non ne ho di biglietti verdi.
— Ce li ha sí. Ma ce li ha nella borsa e non ha voglia di tirarli fuori. Lei non ha voglia di lavorare!
Il tranviere, sempre gentile, lo fa guardare nella borsa: biglietti verdi non ce ne sono.
Il signore noioso sembra quietarsi un momento, ma ecco che sale il controllore a bucare i biglietti. — Mi ha fatto il buco storto! — urla il signore noioso, saltabeccando.
— Con questi tranvieri è ora di finirla!
— Che cosa le è successo? — si informa il controllore.
— Guardi qui: lei non è capace di fare niente, i buchi si fanno rotondi. Farò reclamo sui giornali. I cittadini sono stufi di buchi storti.
Il controllore è una bravissima persona e non si arrabbia. Allora il signore antipatico se la prende con il manovratore:
— Lei, volti subito nella prima strada a destra!

— È vietato parlare al manovratore, — gli dico io, sorridendo.

— Si impicci dei fatti suoi. Manovratore, le ho detto di voltare a destra.

— Ma non posso: non vede che non ci sono le rotaie?

— Non me ne importa un fico secco: ho pagato il biglietto, abito nella prima strada a destra e voglio che lei mi porti là. Ha capito bene?

– Non sono mica sordo. Ma il tram non può passare in una strada dove non ci sono le rotaie. Come fa?

– Basta! – strilla il signore antipatico con la sua vocetta di clarino stonato. – Basta cosí. I tranvieri sono tutti dei fannulloni. Scriverò al Prefetto e vedrete cosa succederà! Fatemi scendere subito!

– Ma qui non c'è fermata, – osserva il tranviere, senza perdere la pazienza.

– Prepotente! Prepotentaccio! – urla il signore antipatico.

Alla fermata, scende con tanto impeto che casca per terra. Ed ecco il tranviere rimetterlo in piedi, cercargli gli occhiali, pulirgli il cappotto sporco di polvere.

– Mi lasci stare! Non mi tocchi o chiamo la polizia, – grida l'omiciattolo.

E corre a scrivere ai giornali che i tranvieri sono brutti e cattivi. Voi che cosa ne dite?

Storia dello zio Barba

Questa invece è la storia di un uomo con la barba lunga. Conoscete lo zio Barba? Voi no e io sí. È vecchio, piú vecchio di tutti, piú vecchio persino di se stesso. La sua barba è diventata ogni anno piú lunga, e lui non l'ha mai fatta tagliare.
È diventata tanto lunga che lo zio Barba, quando va in giro, incespica sempre nella sua barba e cade. Allora cosa fa? Compra una valigetta, e ci mette dentro la barba, quella parte della barba che non lo lascia camminare. Va in giro con la valigetta e sembra un viaggiatore di commercio che vende cioccolato e caramelle: invece nella valigetta c'è dentro solamente la sua barba.
È una barba tanto lunga che lo zio Barba quando ha sonno e si trova in aperta campagna, dove non c'è niente per ripararsi dal sole, fa una

capanna con la sua barba. Come fa? Pianta due pali e attacca in cima la punta della barba: con il resto della barba fa il tetto e le pareti della capanna. Si sdraia all'ombra della sua stessa barba e dorme.
È una capanna tutta bianca, a vederla di lontano: sembra una capanna di neve, come quelle degli esquimesi. Invece è la capanna fatta con la barba dello zio Barba.

I baffi del signor Egisto

Il signor Egisto è infelice perché non gli crescono i baffi. Come fare?
Tutti i signori che abitano nella sua casa hanno i baffi. Anche qualche signora grassa ha i baffi, ma il signor Egisto non ne ha.
«Ne vorrei almeno uno, – pensa tristemente il signor Egisto, – almeno un baffetto piccolo piccolo, da una sola parte. Ne vorrei proprio almeno la metà di uno, mezzo baffo, piccolo come un neo».
Pensa e pensa, la forza del pensiero del signor Egisto è tanta che il baffo gli cresce davvero. Però, gliene cresce uno solo. Fa uno strano effetto vedere il signor Egisto con un solo baffo, quando tutti ne hanno due.
Una parte della bocca è sepolta sotto la siepe

nerissima del baffo. Dall'altra parte, il signor Egisto è liscio come un bambino.

— Adesso faccio ridere, — dice il signor Egisto guardandosi nello specchio. — Vorrei proprio anche quell'altro baffo per fare il paio.

Pensa e pensa, gli cresce anche l'altro baffo. Il signor Egisto è cosí contento che giura di non tagliarseli mai piú.

Passa il tempo e i baffi crescono, diventano sempre piú lunghi, coprono la bocca, il mento e il petto.

Il signor Egisto fa molta fatica a mangiare. Prima di mangiare si lega i baffi sopra la testa, per lasciar libera la bocca.

Quando se li lega in testa, i baffi del signor Egisto sembrano due trecce.

Alla fine, i baffi del signor Egisto diventano cosí lunghi, che lui deve mandarli a finire nelle tasche, o non può camminare. Il baffo destro va a finire nella tasca destra. Il baffo sinistro va a finire nella tasca sinistra.

Il signor Egisto, qualche volta, adopera i suoi baffi per far i pacchi: non c'è corda piú resistente. Quando va a cavallo i baffi gli servono come redini.

Qualche volta la sua signora gli dice: — Egisto,

prestami i tuoi baffi, che devo stendere i panni ad asciugare.
Il signor Egisto si mette tranquillo sul balcone, la sua signora lega i baffi ad una sbarra ed ottiene cosí due magnifiche corde per stendere i panni. Intanto che i panni asciugano, il signor Egisto legge il giornale.
Tutti i signori e le signore del casamento vengono sui balconi a vedere i baffi del signor Egisto. Le signore dicono ai loro mariti: — Cosí, almeno, i baffi servono a qualche cosa, se no che significato hanno due virgole sotto il naso?
Questa è la storia dei baffi del signor Egisto.

Il naso della festa

C'era un fabbro ferraio che aveva due nasi: uno per tutti i giorni e uno per la festa. Il naso di tutti i giorni era pieno di bitorzoli e di foruncoletti; quello della festa invece era liscio e morbido e lucido, una bellezza. La domenica mattina il fabbro chiamava sua moglie e le diceva: – Rosa, dammi il naso della festa –. Rosa prendeva il naso da una scatoletta che teneva nel

cassettone, il fabbro si toglieva il naso brutto e lo posava sul comodino, poi si aggiustava sulla faccia il naso bello.
Quando era ubriaco tentava sempre di mettersi tutti e due i nasi insieme, cosí non sapeva piú quale soffiare.

Una casa tanto piccola

Il signor Gustavo ha cominciato a costruirsi una casa tutta per sé. Però ha pochi soldi, può comperare pochi mattoni e cosí la casa gli viene piccola piccola, tanto piccola che il signor Gustavo deve strisciare per terra se vuole entrare, e una volta dentro non può neanche alzarsi in piedi perché batterebbe la testa contro il tetto e deve restare sempre seduto.
I bambini saltano sul tetto della casina e qualche volta, quando il signor Gustavo non c'è, gli nascondono la casa dietro un cespuglio. Il signor Gustavo va in giro per il paese a cercare la sua casa e non la trova.
È tanto buono, poveretto. Sul davanzale della finestra, invece delle briciole per i passeri, mette le caramelle per i bambini. Tutti i bambini che passano hanno diritto di prendere una

caramella. Cosí il signor Gustavo e i bambini diventano amici. I bambini gli domandano:
— Quanti mattoni hai adoperato per fare la tua casina?
— Centodiciotto.
— E quanta calcina?
— Due etti e mezzo, — risponde il signor Gustavo.
I bambini ridono, ride anche lui, sono tutti contenti.

Il campanello per i ladri

Il signor Guglielmo abita nei boschi e ha molta paura dei ladri. Il signor Guglielmo non è ricco, ma i ladri come fanno a saperlo? Pensa e ripensa, il signor Guglielmo ha deciso di scrivere questo cartello e di metterlo sulla porta: «Si pregano i ladri di suonare il campanello. Essi saranno lasciati entrare liberamente e potranno vedere con i loro occhi che qui non c'è proprio niente da rubare. (Di notte suonate a lungo perché ho il sonno molto duro.) Firmato: il signor Guglielmo».
Una notte si sente il campanello suonare. Il signor Guglielmo corre a vedere chi è. – Siamo i ladri! – sente gridare. – Vengo subito! – dice il signor Guglielmo. Corre ad aprire la porta, i ladri entrano con la barba finta e la maschera sugli occhi. Il signor Guglielmo fa loro visitare

tutta la casa e i ladri possono vedere che non c'è proprio niente da rubare, neanche un gioiellino grosso come un grano di riso. Brontolano un po' e poi se ne vanno. «Benedetto quel cartello!» pensa il signor Guglielmo.
Adesso i ladri vengono spesso a trovarlo. Ce ne sono di tutte le qualità, alti e piccoli, magri e grassi. Quando vede che i ladri sono poveri, il signor Guglielmo regala loro qualche cosa: un pezzo di sapone, una lametta per fare la barba, un po' di pane e formaggio. I ladri sono sempre gentili con lui e prima di andarsene gli fanno un inchino.

Lo scultore Riccardo

Non c'è scultore piú grande dello scultore Riccardo. La sua specialità è di fare delle statue, che appena finite, balzano dal piedistallo, fanno una riverenza e se ne vanno in giro per il mondo per conto loro. Proprio come Pinocchio che sgusciò dalle mani del falegname Geppetto e si mise a farne di tutti i colori.
Per esempio, Riccardo scolpisce una pecora, una bella pecorina con la lana densa e soffice, soffice per modo di dire, veramente, perché si tratta di lana di marmo e qualche volta di creta e di legno. Chissà se la lana di marmo scalda come quella di... lana! Insomma, Riccardo scolpisce una pecora e appena l'ha terminata quella si mette a belare: – Beeee! Beee! Grazie tante, signor scultore. Sa dirmi se da queste parti c'è

un praticello con un po' di erba fresca? Sento
un certo appetito che brucherei anche i sassi.
— Lei può benissimo brucare anche i sassi, —
risponde lo scultore gentilmente, — ma la sua
bocca è appunto un sasso. E anche la sua
coda.
— Proverò i sassi, se le fa piacere, — ribatte la
pecora, — ma intanto vorrei proprio un po'
d'erba, un paio di foglie di lattuga. Magari delle
ortiche piuttosto che niente.
Lo scultore, con la massima cortesia, le indica
la strada dei giardini pubblici. La pecorina
ringrazia e se ne va scodinzolando come un
cagnolino. Poi lo scultore Riccardo scolpisce un
pompiere con l'elmetto in testa e la scure in
mano. Non ha finito di dargli l'ultimo colpo di
scalpello che il pompiere salta giú in fretta e
furia dal piedistallo e grida:
— Presto, presto! Acqua alle pompe! Dirigete il
getto da questa parte!
— Si calmi, si calmi, signor pompiere. Qui non
brucia proprio niente. L'unica cosa che
potrebbe bruciare è appunto la sua degnissima
persona. Forse non sa di essere fatto di legno.
— Accidenti! — esclama la statua. — Che cosa le è
saltato in testa di fare un pompiere di legno?

Non potrò avvicinarmi all'incendio che subito piglierò fuoco.
— Non so cosa farci, — risponde sorridendo lo scultore. — Non ci avevo proprio pensato. Comunque, se vuole andare ad arruolarsi nei vigili del fuoco, la caserma è da quella parte.
Il pompiere si avvia, crollando il capo.
— Proprio di legno doveva farmi! Con tanto marmo e con tanto bronzo che c'è in giro.
Le statue dello scultore Riccardo

girano il mondo, e ogni tanto tornano a trovarlo per raccontargli le loro avventure. Una volta, una statua torna indietro triste triste, e si lamenta: — Signor Riccardo, perché mi avete fatto con la gobba? I bambini mi prendono in giro, e le donnette superstiziose vogliono toccarmi perché porto fortuna. Non ha finito di parlare il povero gobbino che la porta si spalanca e una grande statua di bronzo entra gridando con un vocione di tuono: — Senta, lei, signor scultore dei miei stivali: o mi aggiusta le gambe o per lei sono guai.

— Che cosa hanno le sue gambe?
— Sono storte, ecco che cosa hanno. Lei mi ha fatto le gambe storte. Le pare che io possa andare attorno a questo modo?
Eccone una terza: ma è proprio una processione stamattina! Questa si lamenta perché le braccia sono troppo corte rispetto al resto del corpo. Poi arriva un cavallo che si lamenta perché lo scultore gli ha fatto un solo occhio, una ragazza che piange perché Riccardo le ha fatto solo due dita invece che cinque.
— Tutte le persone per bene hanno cinque dita, — piange la ragazza, — ed io perché devo averne solo due?
Oh, cielo, e questo chi è? Un uomo senza occhi e senza naso: la sua faccia è tonda e liscia come un uovo.
— Tutti scambiano la mia testa per una palla da biliardo o per un birillo, e mi tirano le sassate. Per piacere non potrebbe farmi almeno il naso? Non dico le orecchie, di quelle posso farne a meno, ma il naso, che cosa le costa? Due pezzetti di marmo grandi come due dadi per la minestra, ed io sono a posto.
Piano piano lo studio dello scultore Riccardo si è riempito di gente che si lamenta del suo aspetto:

chi vuole i piedi perché Riccardo si è dimenticato di farglieli, un cavallo vuole la coda perché dice che non sta bene per un cavallo andare in giro senza coda, una donna vuole i capelli perché Riccardo l'ha fatta calva come un commendatore.
Lo scultore Riccardo è molto imbarazzato.
Sulle prime cerca di difendersi.
– Voi non siete gente come gli altri: siete delle statue, – spiega, – e quindi potete essere anche cosí.
– Grazie tante, ma noi non vogliamo essere cosí. Io voglio il mio naso, – risponde l'ometto dalla testa liscia come una palla da biliardo.
Insomma, tanto fanno e tanto dicono, che Riccardo si rassegna: si rimbocca le maniche, e si affretta a fare tutte le operazioni necessarie per correggere i suoi errori. Mentre aspettano in fila il loro turno per le riparazioni, le statue parlano tra loro e, in generale, dicono che un cavallo senza coda non è un cavallo nemmeno se è di marmo, che si può essere una bellissima statua anche con cinque dita invece che con due sole, e che un uomo senza naso dovrebbe andare all'ospedale. Ma l'ospedale delle statue non è ancora stato inventato.

Le avventure del vecchio marinaio

In un'osteria del porto il vecchio marinaio siede tutto il giorno a bere la sua birra e a raccontare storie di navigazione.
— Una volta, mi ricordo, eravamo a caccia di balene. Fui io a lanciare la fiocina: colpii la balena proprio dietro lo sfiatatoio. Il mostro immenso misurava almeno venti metri di lunghezza. La ferita fu come un colpo di sprone: la balena si mise a correre pazzamente per l'oceano, trascinandosi dietro la nostra nave come se fosse un fuscello. Ad un tratto ci manca il respiro e cadiamo l'uno sull'altro. Che cosa era successo?
La balena aveva infilato un arcobaleno e si arrampicava a tutta velocità tra il giallo e l'arancione, e la nostra nave, naturalmente, era costretta a seguirla in quella folle avventura, per

colpa della fiocina che ci legava a quel diabolico rimorchiatore. Se ci siamo salvati, fu per la mia presenza di spirito. Estrassi il mio coltellaccio e tagliai la corda: subito la nave cominciò a scivolare all'indietro e tornammo sul mare. Vedemmo la balena correre sempre piú in alto sull'arcobaleno e scendere dall'altra parte. Era ormai fuori tiro. Mi fu dato un premio perché avevo tagliato la corda...
Il vecchio marinaio bevve un sorso di birra, si asciugò la bocca con la barba e ricominciò:
— Al largo delle Isole Salomone ci colse una tremenda tempesta. Le onde spazzavano il ponte della nave da un parapetto all'altro, il vento strappava gli alberi come fossero stuzzicadenti. Il capitano ordinò di gettare in mare tutto l'olio che avevamo a bordo. Sapete che l'olio ha il potere di calmare le onde. Un barile dopo l'altro le nostre scorte di olio scesero in mare. Si stabilivano alcuni momenti di calma, poi la tempesta riprendeva a frustarci con tutta la sua violenza. «Capitano, — urlò il nostromo ad un certo momento, — non abbiamo piú olio».
Fu un momento terribile.
Fortunatamente mi venne un'idea e gridai:
«Capitano, vi fidate di me?».

«Mi fido anche del diavolo, se è capace di portarmi fuori di qui», rispose il capitano.
«Allora, – ripresi, – ordinate a tutti gli uomini che si lavino i capelli e versino nei barili l'acqua sporca».
L'ordine venne subito eseguito, e vi so dire che era abbastanza buffo vedere trenta marinai che,

nel bel mezzo della tempesta, si lavano coscienziosamente i capelli nelle bacinelle, versando poi l'acqua cosí ottenuta nei barili dell'olio. Il mio calcolo si rivelò esatto: il fatto è che io conoscevo i miei polli. I marinai avevano l'abitudine di imbrillantinarsi i capelli tutte le mattine. Lavando i capelli si vedeva scendere la

brillantina trasformata in olio denso e grasso. Senza indugi, feci versare il contenuto dei barili attorno alla nave, e l'effetto fu immediato e miracoloso: le onde non avevano il potere di superare quello sbarramento unto e oleoso. I barili furono presto finiti, ma intanto la potenza della tempesta era scemata. Fu cosí che fummo salvati dalla brillantina, grazie alla mia prontezza.

Un'altra volta facemmo naufragio presso le coste della Nuova Guinea. Io mi trovai in mare quasi senza essermene accorto. Le onde erano alte come montagne: nuotare era impossibile, vicino a me nessun relitto galleggiante a cui potessi aggrapparmi. Che fare? Non avevo che un mezzo per salvarmi, e cosí feci. Mi aggrappai a un'ondata che saliva e, quando fui giunto in cima con un salto sovrumano saltai sulla cresta dell'ondata successiva. Mi lasciai scivolare al fondo della china d'acqua e mi feci ritrasportare in alto dalla nuova ondata: quando fui in cima spiccai un nuovo salto. Ripetei questa manovra centinaia di volte, fin che fui in vista della costa. Qui le acque erano piú calme ed io potei cominciare a nuotare. Anche in questo caso, è stata la mia fantasia a salvarmi.

Questo è niente, – proseguí il vecchio marinaio. – Una volta la mia nave andò a spezzarsi contro un *iceberg*, ossia contro una montagna di ghiaccio galleggiante. Io e tre compagni fummo i soli superstiti. Sapete come facemmo a salvarci quella volta? Ci togliemmo le camicie, sforzandoci di resistere al freddo, le cucimmo l'una all'altra e le infilammo in cima a un palo, un relitto della nave affondata. Il vento gonfiò subito le camicie come se fossero una vela. Manovrando la vela, riuscimmo a condurre l'*iceberg* come se fosse una barca, verso il Sud, e già stavamo per raggiungere la costa quando il sole ci sciolse sotto i piedi la nostra nave improvvisata. Ormai però non eravamo lontani dalla riva e ci salvammo a nuoto.

Il bandito

L'avaro: – Eccomi arrivato all'età di settant'anni, sano come un pesce. Ho tre cantine piene d'oro, un granaio pieno d'argento e due materassi pieni di biglietti da mille. Potrei finalmente starmene tranquillo e godere la mia vecchiaia, ma mia figlia si è messa in testa di maritarsi, e chi è andata a scegliersi per fidanzato? Quello spiantato di Lino Picco, che non ha un quattrino. Ora voglio chiamare mia figlia e cantargliela in musica, che di quel morto di fame non voglio saperne. Isabella! Isabella!
Isabella: – Eccomi, papà.
L'avaro: – Ti ho chiamata per dirti che da oggi in avanti non devi vedere piú quel morto in piedi, figlio di un soldo bucato.
Isabella: – Ma io voglio sposarlo, papà.
L'avaro: – Stupida, sposa un sacco di zecchini,

sposa una cassaforte, sposa un libretto della Banca di Risparmio.
Isabella: — Ma i soldi non parlano, papà, invece Lino Picco mi conta tante belle storie. Io voglio sposarlo, ih! ih! (*piange*)
Lino Picco (*di nascosto*): — Perché piange la povera Isabella? Sarà certamente colpa di quel vecchio avaro. Ora lo metto a posto io. (*Forte*) Permesso?
L'avaro: — Chi è?
Lino Picco: — Sono un bandito.
L'avaro (*spaventatissimo*): — Mamma mia! E adesso come faccio? Signor bandito, che cosa vuole da me? Sono un povero vecchio senza un soldo. Ho soltanto un dente d'oro. Se vuole me lo tolgo subito e glielo butto dalla finestra.
Lino Picco: — Non ho bisogno di denti d'oro, ne ho trentadue naturali, bianchi e duri che spaccano le pietre.
L'avaro: — E allora: se ha trentadue denti, che cosa vuole ancora?
Lino Picco: — Voglio il denaro. (*Salta dentro dalla finestra.*)
L'avaro: — Pietà, signor bandito! Misericordia! Mi tagli via una gamba, se proprio vuole qualcosa.
Lino Picco: — Voglio quattrini. (*Piano a Isabella*) Isabella, fingi di non riconoscermi.

L'avaro: — Mi tagli via la barba e tutti e due i piedi, ma mi lasci il denaro.
Lino Picco: — Non so che cosa farmene della tua barba, non è buona neanche per fare una spazzola per le scarpe. E i tuoi piedi sono piatti. Però vedo che hai una bella figlia. Dammi quella.
L'avaro: — La prenda pure, signor bandito. Isabella cara, va' con questo signore che è tanto buono e non vuole prendere i soldi del tuo papà.
Isabella: — Ma, io voglio sposare Lino Picco!
L'avaro: — La sente, signor bandito? Vuole sposare un cantastorie. Ma io sono suo padre e mi dovrà ubbidire.
Lino Picco: — Benissimo, allora qua la mano, e il contratto è fatto.
L'avaro: — Ecco, il contratto è fatto. Isabella è sua moglie. (*Si sente battere la porta.*)
L'avaro: — Chi è adesso?
Il bandito: — Sono un bandito, apri subito la porta.
L'avaro: — Misericordia, ci dev'essere uno sbaglio, ce n'è già qui uno. Signor bandito di fuori, i miei soldi li ho già dati al bandito di dentro. Perché lei non prova nella casa qui accanto?
Il bandito: — Poche storie. Se non apri subito la porta ti butto giú la casa.
Lino Picco: — Apra la porta e lasci fare a me.

L'avaro: — Ecco, si accomodi signor bandito di fuori.
Il bandito: — Dunque, dove sono i soldi?
Lino Picco: — In cantina, venga con me che glieli do subito.
L'avaro: — Ah, mi ha tradito.
Isabella: — Lascialo fare, papà, vedrai che tutto andrà bene.
L'avaro: — Il mio denaro! Signori banditi, strappatemi le unghie, strappatemi i capelli a uno a uno, ma lasciatemi il mio bel denaro, biondo e dorato! (*Lino Picco e il bandito escono: si sente gridare, poi Lino Picco torna indietro.*)

Lino Picco: — Ecco fatto, ho rinchiuso il bandito in cantina e adesso chiamiamo i carabinieri. Voleva il denaro, adesso ce l'ha.
L'avaro: — Grazie, signor bandito numero uno! Vuole il mio dente d'oro in segno di gratitudine?
Lino Picco: — Se lo tenga pure, io ho già Isabella.
Isabella: — Sí, andiamo subito, mio carissimo Lino.
L'avaro: — Come hai detto?
Lino Picco: — Ha detto bene, io sono Lino Picco.
L'avaro: — Ah sciagurati, me l'avete fatta, mi avete ingannato, ho dato mia figlia in moglie a Lino Picco.
Isabella: — Papà, ma se non c'era lui, il bandito ti rubava il denaro.
Lino Picco: — Se vuole, vado giú ad aprire la cantina.
L'avaro: — No, no, per carità, andatevene pure tutti e due. Volete il mio dente d'oro per regalo di nozze o vi accontentate di quello d'argento?
Lino Picco: — Ci accontentiamo di darvi un bacio sulla barba e di andarcene il piú in fretta possibile.

Il mago buono

Di notte sogno spesso di essere un buon mago, capace di accontentare i desideri di tutti.
Passo vicino ad un disoccupato che raccatta cicche per terra: poveretto, ha il vizio del fumo, ma non ha i soldi per comprare le sigarette. Metto un piede sulla cicca e, *tac*, la cicca non si consumerà mai piú. Potrà fumarla giorno e notte e non diminuirà di un millimetro: quando sarà stufo la metterà in tasca e quando vorrà fumare di nuova potrà farlo, non avrà piú bisogno di andare dal tabaccaio.
Passo vicino ad un ragazzo che vuole comprarsi un gelato ma ha soltanto cento lire.
– Ordina il gelato, – gli dico.
– Ma ho soltanto cento lire.
– Ubbidisci. Metti le cento lire sul banco, bene. Ora guardati in tasca.

In tasca ci sono altre cento lire.
— Toglile. Ora guardati in tasca.
Ci sono cento lire di nuovo. Lui potrà togliere di tasca le sue cento lire anche 10 000 volte, ma avrà sempre cento lire in tasca.
Passo vicino ad un bambino che piange perché il palloncino rosso che teneva per il filo gli è scappato in cielo. Gli tocco le dita, ed ecco che da ogni dito gli esce un palloncino rosso. Ogni volta che un palloncino gli scappa in cielo, dal dito ne esce un altro, piú grosso e piú rosso di quello di prima. Non sono un buon mago?

Il Fante di picche

La nonna costruisce un castello di carta sulla tovaglia, è già arrivata a una bella altezza, ma c'è una carta irrequieta stasera: il Fante di picche. Credete di poter mettere il tetto all'ultima torre e di posarvi il Fante di picche perché faccia buona guardia, ma non c'è verso.
— Di' un po', — esclama la nonna. — Ti viene il capogiro?
— Proprio cosí, signora Felicita. Mi viene il capogiro.
Chi ha parlato? Noi non siamo stati, noi siamo stati zitti e quieti. Con i gomiti puntati sul tavolo guardavamo la nonna, che a costruire castelli con le carte è brava davvero.
— Poveretto, — fa la nonna. — Perché non dirlo prima?
— Adesso che lo sa, per favore, non mi metta piú

cosí in alto. Ecco, a quella finestra del primo piano ci staresti volentieri. E anche di lí potrei vedere quando arrivano i nemici e dare l'allarme. Chi ha fatto questo discorsetto? Noi no. Noi non apriamo bocca e non ci muoviamo.
Chi è stato allora?
Ma lui, il Fante di picche. Eccolo che esce dalla sua carta, puntando i gomiti, esce tutt'intiero, anche le gambe, che nella carta non si vedono: che gambette sottili, vestite di calze rosa, fino al ginocchio, dove cominciano i calzoni verdi con lo sboffo.
Si presenta con un inchino molto gentile.
– Per carità, – dice subito, – non fate sapere niente al re di questa scappata. Il Sire Re di picche è cattivo, ha un diavolo per ogni tasca che gli dà cattivi consigli. È per questo che la signora Regina di picche è tanto triste. Signora nonna Felicita, perché non mi mette mai a fare la guardia alla porta della regina?
Parlando si è avvicinato a noi, a me ha dato un affettuoso pizzicotto sul naso.
– Domandagli qualche cosa, nonna, – dico io.
– Signor Fante di picche, io non sono molto contenta di lei. Come va che si addormenta proprio quando i nemici entrano nel parco?

— Signora Felicita, io non sono molto contento di lei. Perché fa sempre entrare i nemici dal muro di dietro? Mi prendono sempre alle spalle. Noi ridiamo, ma la nonna è molto seria e severa.
— E quella volta che lei ha preso una borsa d'oro

per fingere di dormire, e i nemici le passarono proprio sotto il naso e entrarono nel castello?
— Non era una borsa d'oro, era un soldino di rame, signora nonna Felicita, ed ora si trova nel salvadanaio di Roberto.
È proprio cosí. Sa anche questo!
— Ma che cosa mi dirà della Dama di cuori?
Il Fante di picche diventa rosso come una bandiera.
Anche la nonna ride, stavolta.
Il Fante di picche è innamorato della Dama di cuori, ma essa non vuole sentire parlare di lui perché ha i capelli neri.
— Dica al pittore di farmi i capelli biondi. Glielo dirà, signora nonna Felicita?
La nonna assicura che farà la commissione.
— Adesso però al suo posto, signor Fante di picche!
Il Fante di picche ci saluta tutti uno dopo l'altro, con piccoli inchini e torna nella sua carta. Ci strizza l'occhio ancora una volta, e poi, potreste fargli un milione di domande ma non risponde piú. Come farebbe a parlare un pezzo di carta?

La pianta delle pantofole

Il contadino Pietro andò un mattino nel suo frutteto con l'intenzione di cogliere delle mele. La pianta delle mele era in mezzo a un prato e mentre si avvicinava Pietro vide tra le foglie delle macchie di diversi colori: blu, giallo, rosa, viola.

«Diavolo, – pensò, – non ho mai visto delle mele azzurre, cosa sarà?»

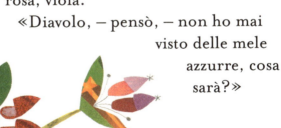

Giunto vicino alla pianta il mistero diventò chiaro d'un tratto: i rami e le foglie penzolavano in bell'ordine, dondolando al fresco vento centinaia di pantofole.
«A chi sarà venuto in mente di attaccare tante pantofole alla mia pianta?» si domandò Piero.
Salí sulla pianta per esaminare bene la cosa, e si accorse che le pantofole erano attaccate ai rami per mezzo di un gambo sottile, insomma che le pantofole erano cresciute sulla pianta al posto delle mele.
Pietro non credeva ai propri occhi. Si pizzicò forte una gamba per sentire se era bene sveglio.
Non c'era dubbio, non stava sognando.
Considerò a lungo quelle belle e strane pantofole. Ce n'erano di tutti i tipi: con il fiocco, con la fibbia, con la doppia suola, con il pelo dentro e cosí via. Che fare?
Come va a finire?
Amici, adesso andate avanti voi. Io non vi dico come è andata a finire la favola: dovete dirmelo voi. Pensateci su e poi raccontatemi come immaginate il resto della favola.

La cartella parlante

Ogni sera il mio bambino, prima di andare
a dormire, mette in ordine la cartella. O
piuttosto, vi caccia dentro alla rinfusa libri,
quaderni, astucci, gomme e carte assorbenti: ma
lui chiama questa operazione «mettere in
ordine la cartella». E non sa che, appena i suoi
occhi si chiudono e i dolci fantasmi del sonno
danzano attorno al suo cuscino, nella cartella
gli oggetti si animano, si stiracchiano come
facciamo noi al mattino, si salutano e si mettono
a conversare.
La carta assorbente cerca di spianare un poco le
orecchie ai quattro angoli e cosí si lamenta:
– Cari amici, oggi me ne sono toccate di tutti
i colori. Il nostro padrone mi ha riempita
completamente di «evviva» a un certo Coppi
Fausto, lui anzi ha scritto «Copi», con una P

sola. Guardatemi, per favore, sembro un manifesto delle elezioni!

— Ti lamenti? — interviene il libro di storia e geografia, — per favore, da' un'occhiata alle mie pagine. Il nostro simpatico tiranno ha fatto i baffi con la penna a Carlo Magno, ha messo una piuma sul cappello di Giotto e ha disegnato una mosca sul naso di Cristoforo Colombo. Ha prolungato il corso del Po fino a farlo giungere a Trieste e ha disegnato un ponte di barche tra la Sicilia e la Sardegna. Una rivoluzione, vi dico.

— Questo è niente, — brontola il libro di lettura, — osservate per piacere la mia pagina 45: tutte le O sono state dipinte di rosso, tutte le A di verde, tutte le E di giallo. A pagina 57, chissà perché, il nostro giovanotto ha disegnato la testa di un serpente che con il suo corpo attraversa pagina 58 e pagina 59 e va a finire con la coda a pagina 60. Un serpente a sonagli, dice lui. Forse per questo lo ha riempito per tutta la sua lunghezza di campanellini!

— Osservate come ha masticato la mia bella punta, — esclama la penna.

— Mi ha tolto tutta la mia pellicina marrone, — si lagna la matita.

Io, che sono il padre del colpevole, ascolto tutto

confuso. Vorrei svegliare il bambino per fargli sentire come si parla di lui, ma proprio in questo momento la cartella si apre e due quaderni, uno a righe e l'altro a quadretti, vengono in commissione a presentarmi un memoriale.
— Lei non ne ha colpa, forse, — mi dice gentilmente il quaderno a quadretti. — In ogni caso, queste sono le nostre richieste. La preghiamo di trasmetterle a suo figlio.

Mi presentano un foglio scritto e rientrano nella cartella. Il foglio dice:
«Noi sottoscritti protestiamo vivamente per le violenze di cui siamo vittime ogni giorno. Chiediamo con energia:
1) che il nostro padrone si astenga dall'imbrattarci con "evviva", disegnini, baffi finti e altri segni illegali, cioè non previsti dal programma scolastico;
2) che l'incolumità delle matite e delle penne sia salvaguardata e che la loro punta non venga piú masticata;
3) che i pennini siano sempre custoditi nell'apposito astuccio e non gettati in disordine fra gli altri oggetti. Anche stamane il libro di geografia è stato gravemente ferito da un pennino disperso.
Se le nostre richieste non verranno soddisfatte, faremo di tutto perché il nostro padrone sia bocciato. Firmato: *il Sussidiario, il Quaderno dei problemi, il Quaderno dei diari, la Matita copiativa,* eccetera eccetera».
Domani mattina farò leggere questo foglio al mio bambino. Spero di non dover sentire piú queste lamentele.

Il tetto vagabondo

Il tetto della mia
casa è un bel
vagabondo. Ogni
tanto gli piglia la voglia
di fare due passi, si scrolla
dai muri e se ne va per il
cielo, ondeggiando come un
aquilone. Se questa voglia
gli viene quando
piove, sono
guai, perché
piove in casa.

Allora io mi affaccio alla finestra e vedo il tetto, che si è posato su due piante dei giardini pubblici.
– Vieni a casa che piove, – gli grido.
Lui non se ne dà per inteso, si scrolla dalle piante e va a mettersi sopra la gabbia delle scimmie dello zoo.
Una volta sono salito sul tetto per osservare un comignolo che non funzionava troppo bene, e proprio in quel momento il tetto si staccò dalla casa e si mise a volare altissimo sopra le nubi.
– Accidenti, – dicevo guardando in basso, – il mio tetto crede di essere diventato un dirigibile, e adesso mi porta a scoprire il Polo Nord!
Cosí vanno le cose con il mio tetto. Mi devo decidere a sostituirlo. Invece del tetto, metterò un terrazzo con fiori, alberi e panchine. Pensate come sarà bello quando le case non avranno piú tetti, ma terrazze fiorite.

Lettera di un ragno al suo padron di casa

Egregio signore, sono un vecchio ragno e sono vissuto finora proprio alle sue spalle, dietro il busto di gesso di questo strano personaggio con due facce che mi sembra si chiami il dio Giano. Anzi, senta:

Il buon dio Giano
com'era strano:
aveva due facce
per far le boccacce.
Dietro la testa, guarda caso,
gli spuntava un altro naso.

Però non è del dio Giano che voglio parlarle, ma della mia vecchia e povera persona. Ero un bel ragno grasso e nero ai miei tempi, ma sono stato ridotto cosí dalle tante battaglie che ho dovuto sostenere con la di lei moglie che ogni mattina distruggeva con un sol colpo di scopa le mie pazienti creazioni nel campo della tessitura. Se lei fosse un pescatore e un pescecane le distruggesse tutte le mattine la rete, come farebbe a vivere? Con questo non voglio

paragonare la sua signora a un pescecane. Ma insomma, mi sono dovuto ridurre a dare la caccia ai moscerini in libreria, e mi sono accampato in un piccolo rifugio, dietro la testa del dio Giano, che non se ne lamenta troppo. Cosí sono invecchiato. Le mosche sono sempre piú rare, con tutti gli insetticidi che hanno inventato. Vorrei pregare la sua signora di lasciarne vivere almeno due o tre la settimana, di non farle morire proprio tutte.
Ma so che questo è impossibile: la sua signora odia le mosche perché le sporcano le tovaglie e i vetri delle finestre. Perciò ho deciso di lasciare questa casa e di trasferirmi in campagna. Là forse troverò da vivere. Ho ricevuto un messaggio da alcuni miei amici che vivevano in solaio e sono emigrati in giardino: si trovano bene e mi invitano a raggiungerli. Sí, signore, ce ne andiamo tutti. I ragni lasciano le case degli uomini, perché non vi trovano piú cibo. Me ne vado senza malinconia ma mi sarebbe sembrato di farle un dispetto e di mancarle di cortesia andandomene senza salutare.

Suo devotissimo
Ragno Ottozampe

Il Giro del Giardino

Chissà come, le formiche vennero a sapere che gli uomini si divertono a fare grandi corse in bicicletta: il Giro d'Italia, il Giro di Francia, il Giro di Svizzera e così via.
– Perché non facciamo anche noi il Giro del Giardino? – disse un formicolino molto sportivo che si divertiva a farsi portare a spasso dai bruchi. L'idea piacque subito a tutte le formiche. Si decise che la corsa sarebbe stata fatta proprio a dorso di bruco: i bruchi non sono biciclette, ma hanno un corpo che sembra composto di tanti piccoli tubolari appiccicati uno all'altro.
Vi furono molte iscrizioni. I bruchi furono catturati nell'ortaglia dalle formiche che partecipavano alla corsa: esse montarono loro sulla schiena e senza tante storie cominciarono a pungerli e a morderli per farli correre al luogo

della partenza. Poveri bruchi: si torcevano, scattavano, si drizzavano in alto, per sfuggire alla stretta.

Il pubblico, formato da migliaia di formiche scaglionate sul percorso, si divertiva moltissimo, sulle prime. Ma la corsa andava cosí adagio che ben presto il pubblico cominciò ad annoiarsi. I bruchi, ad un certo punto, si arrotolarono come serpenti e non ci fu verso di farli muovere.

Le formiche ci si misero con tutte le loro forze: attorno ad ogni bruco c'erano anche cento formiche a morderlo per farlo correre. Come se i nostri corridori si mettessero a mordere le loro biciclette per farle correre, ve li figurate?
Alla fine i bruchi furono lasciati stare e si decise che le formiche avrebbero fatto la corsa a piedi.
Fu un disastro: durante la corsa alcune formiche furono catturate da altri formicai, altre furono mangiate dalle lucertole, altre annegarono al passaggio di un ruscello. Delle cento formiche partite, solo due arrivarono quasi in vista del traguardo, ma erano così stanche che si addormentarono prima di passare sotto lo striscione d'arrivo.
Bisognò aspettare che si svegliassero per vedere chi sarebbe arrivata prima. Arrivò prima una formica rossa, piccolissima, e in premio ricevette un pidocchio delle rose da succhiare. Sapete bene che questi pidocchietti sono le «vacche» delle formiche.

La danza dell'orso

L'orso Booro era stato catturato quando ancora non sapeva avventurarsi da solo fuori della caverna in cui viveva con i suoi genitori. Fu venduto al proprietario di un circo equestre che lo affidò ad un domatore perché gli insegnasse a danzare. Sapete come si insegna ad un orso a ballare? È una cosa crudele. Si distende a terra uno strato di carboni accesi e lo si costringe a passarvi sopra, mentre qualcuno lí vicino suona una zampogna o un piffero. Dopo due o tre prove, ogni volta che sente il piffero o la zampogna, l'orso si ricorda del fuoco che lo ha scottato, si agita, si muove sull'uno e sull'altro piede come se ancora stesse camminando sui carboni ardenti. E questa danza dolorosa è cosí goffa che nessuno la può vedere senza ridere. Finita la danza, Booro veniva ricondotto nella

sua gabbia. Alla caviglia destra gli avevano legato una catena che non lo abbandonava né giorno né notte. Una volta nel suo stesso circo Booro poté incontrarsi con un vecchio orso che era stato catturato quasi adulto, e si chiamava Ruubi. Esso aveva trascorso molti anni in prigionia, ma non aveva dimenticato mai le libere foreste che Booro aveva appena intraviste.
– Gli alberi respirano sulla tua testa, la neve scricchiola sotto i tuoi piedi, e a primavera le acque trasportano i ghiacci con fracasso giú per le valli: alzi il naso e un milione di buoni odori ti entra nella pancia.
– Che cosa sono i buoni odori? – domandò Booro che non li aveva mai sentiti.
– Disgraziato, tu non hai conosciuto la felicità. Io sono troppo vecchio ormai per tentare la fuga, – aggiunse Ruubi, – ma tu sei giovane e forte. Perché non te ne vai?
Parlarono spesso di questo progetto, e una volta che il circo si era venuto a mettere in una città di montagna proprio al margine dei boschi, Booro decise di tentare la fuga. Quando il domatore lo fece uscire dalla gabbia e lo condusse in mezzo all'arena, Booro si guardò attorno, per assaporare l'ultimo applauso, poi come se niente

fosse si diresse verso l'uscita. Gli spettatori ridevano, ma le loro risate si mutarono tosto in grida di terrore quando si accorsero che Booro camminava decisamente su di loro, come se non li vedesse. La folla si aprí per lasciarlo passare, e già Booro stava per raggiungere l'uscita, già affrettava il passo per mettersi a correre verso i boschi, quando alle sue spalle una zampogna ed un piffero cominciarono a suonare.
Una mano invisibile afferrava Booro al collo, lo

trascinava indietro irresistibilmente. Senza quasi avvedersene, Booro si fermò, i suoi piedi si mossero su se stessi, segnando goffamente il passo.

Booro danzava e gli spettatori tornavano ai loro posti, ancora sospettosi. Danzando, Booro vedeva distese di neve, boschi, fiumi, sentiva i profumi che il vecchio Ruubi gli aveva descritti. Il suo cuore si tendeva appassionatamente verso la libertà, ma i suoi piedi si alzavano e si abbassavano sul ritmo della canzone. Quando la musica tacque, Booro rimase un momento immobile. Poi cadde a terra, come fulminato. La prigionia lo aveva ucciso.

Il gatto parlante

Un bambino mi ha chiesto la storia di un gatto parlante. Ho passato la richiesta al mio gatto Pinni che ne ha approfittato per inviarmi la seguente lettera:

«Caro Gianni, io sono un gatto gentile e di buona famiglia. Mia madre era la gatta piú grassa di tutta Porta Venezia, e i vecchi gattoni di Milano si ricordano ancora della coda di mio nonno, che era lunga quaranta centimetri e sembrava piú la coda di un cavallo che la coda di un gatto. Io potrei diventare un gatto famoso perché so parlare e scrivere e suono un poco anche il pianoforte, a quattro zampe. Quando io suono però tu ti arrabbi e mi cacci giú dalla tastiera. Perché? La mia musica forse non ti piace, ma a me non piace la tua, perciò siamo pari.
Quando tu suoni, dovrei forse cacciarti via dalla tastiera a scapaccioni come tu fai con me? Di un'altra cosa mi devo lamentare: tu usi sempre il mio cuscino, e questo non è giusto. Non faccio in tempo ad appisolarmi che subito mi cacci giú, e ti accomodi sul cuscino con tutto il fondo dei calzoni. Questo non è gentile. Io ti lascio il letto, il divano e la sedia a sdraio, tu potresti anche lasciarmi il mio cuscino.
Infine ti faccio sapere che la carne cruda non mi piace piú tanto. Perciò prima di lasciarla sul tavolo perché io possa mangiarla di notte, quando mi viene fame, ti prego di farla cuocere,

col burro, un poco d'olio e un rametto di salvia.
Adesso ti saluto e vado un po' a spasso. Accendi
la stufa elettrica, perché quando torno voglio
scaldarmi; ieri sera sono tornato tutto bagnato e
mi sono preso un tremendo raffreddore.
Tuo affezionatissimo

Gatto Pinni».

Cosa ne dite del mio gatto?

Passatempi nella giungla

Ecco come io immagino che si divertano le bestie della giungla. Non ho visto niente di quello che racconto, naturalmente, ma sono sicuro che è cosí.
Prima di tutto le scimmie. Esse sono veramente i monelli della giungla. Il loro passatempo preferito è di tirare noci di cocco sulla schiena del coccodrillo, che sonnecchia tra il fango.
– Avanti! – dice il coccodrillo, credendo che qualcuno abbia bussato alla sua schiena per avere il permesso di entrare nel fiume. Le scimmie ridono a crepapelle e continuano il loro tiro a segno.
– Avanti! – urla il coccodrillo. Quando si accorge che sono state le scimmie, le minaccia:
– Tingerò il fiume di rosso con il vostro sangue, figlie del diavolo!

A questo punto un serpente gli tira la coda e scappa via piú in fretta che può.
Gli elefanti sono piú spiritosi e giocano alla «proboscide di ferro». Proprio come noi che giochiamo al «braccio di ferro». Come fanno? Si mettono faccia a faccia, drizzano le proboscidi in aria e le accostano l'una all'altra. Poi fanno forza: vince chi riesce a piegare per primo la proboscide dell'avversario.
Gli elefantini giocano invece a stare in equilibrio sulla punta della proboscide e a girare su quella come una trottola.
Ci sono anche nella giungla degli istituti di bellezza, dove le tigri vanno a farsi tingere le strisce sulla pelle, e a farsi impomatare i baffi e a

parlar male del leone. Quando però il leone entra a farsi pettinare la criniera, stanno tutte zitte.

— Colonia o brillantina? — domanda il leopardo che fa da barbiere.

— Brillantina, — risponde il leone.

Appena il leone è uscito, le tigri parlano tutte insieme: — È quasi calvo e si fa mettere la brillantina! Dovrebbe portare una parrucca, poveretto.

Il leone va a fare una partita a bocce con l'orso: come bocce, naturalmente, usano le solite noci di cocco.

Il leone tira troppo forte la sua noce e la manda a finire sulla schiena del coccodrillo.

Si sente: *Toc*.

— Avanti, — dice il coccodrillo.

Il leone e l'orso si fanno delle grasse risate.

Il coccodrillo borbotta: — Non si può mai dormire in pace.

Le memorie della luna

La luna scrive le sue memorie. Non ha penna né matita, perciò è costretta a scrivere con una stella cometa, intingendone la coda nel buio della notte. Non ha nemmeno carta, scrive sulle nuvole, che poi volano via. Ogni tanto la luna si domanda:
— Dove sarà andata a finire la pagina numero 18?
La pagina numero 18 è una nuvola che proprio in quel momento sta sciogliendosi in pioggia sulla città di Modena.
I modenesi vedono la nuvola, vedono la pioggia, ma non sospettano nemmeno che quella pioggia è fatta di parole della pagina 18.
Così la luna scrive e scrive, e le memorie il vento le porta via.
— Ho perso la pagina 24! — si lamenta la luna.

La pagina 24 è una nuvoletta rosa che è scappata a cullarsi sul mare.
Sono riuscito a leggere solo la pagina 35, su cui la luna ha scritto: «Sono piú brava di tutte le trottole, perché faccio tre girotondi in una sola volta: attorno a me stessa, attorno alla terra, attorno al sole. Io sono la serva della terra, ma la terra non mi paga mai il

salario. Qualche volta la pianto e vado a girare attorno al pianeta Marte, che è sapiente ed educato, e ha la pancia tutta rigata di canali dritti».

Sulla pagina 51 (che era una nuvola bianca come il latte) la luna ha scritto: «Ho fatto un sogno. Ho sognato che la Terra era diventata tutta rossa come il fuoco. E al posto del Polo c'era una stella».

Il seguito non ho potuto leggerlo perché la pagina 51 (la nuvola bianca come il latte) è volata via dalle parti di Abbiategrasso.

Il fulmine

Una volta il padrone dei fulmini era il dio Giove. Era un dio vecchio e nervoso. A chi gli faceva un dispetto scagliava subito un fulmine per incenerirlo: cosí almeno raccontavano a quei tempi, molto tempo fa. Il dio Giove andava sempre in giro per le nuvole con un mazzo di fulmini in mano, cosí come io e voi andremmo in giro con in mano un mazzolino di fiori. Una volta dimenticò il mazzo su una nuvola, e quella si mise a correre cosí forte che quando Giove si ricordò dei fulmini, e tornò indietro a cercarli, non li trovo piú. La nuvola ne diede un po' a tutte le sue compagne, e si vede che il mazzo era molto grosso, perché ci sono ancora molti fulmini in circolazione. Quando ci sono i temporali, le nuvole diventano allegre e si mettono a giocare ai birilli con i campanili, con

le torri, con le cime delle piante; invece delle solite palle, le nuvole tirano i fulmini. Gli uomini però sono furbi, e hanno messo dappertutto dei parafulmini, che attirano i fulmini come calamite. Le nuvole si arrabbiano perché non riescono mai a buttar giú il loro bersaglio, e brontolano.
Questo brontolio è il tuono.
— Diventiamo vecchie! — si lamentano le nuvole.
— Non ci vediamo piú cosí bene come una volta! Perché non comprano gli occhiali? Vi piacerebbe vedere delle nuvole con gli occhiali?

Geografia in vacanza

Una notte, mentre sul Mediterraneo splendevano le stelle a milioni, la Sardegna si sentí chiamare:
— Ehi, non sei stufa di startene sempre allo stesso posto?
— Chi mi chiama?
— Sono io, la Sicilia.
— Cara sorella, da quando in qua ti sei messa a parlare? Io credevo che tu sapessi soltanto brontolare con il tuo Etna.
— Senti, perché non ce ne andiamo un poco a zonzo? Siamo schiave della carta geografica, che ci ha assegnato questo posto, in mezzo al Mediterraneo, un mare piccolo come una vasca da bagno. Io ho sentito parlare di isole fortunate che se ne stanno negli oceani caldi, nei mari del Sud, dove le banane crescono sulle piante,

mentre qui bisogna comprarle dai carrettini. Perché non salpiamo le ancore e ce ne andiamo?
— A dire la verità, — rispose la Sardegna, — io non so nemmeno bene dove si trovino le mie ancore. Certo che una crociera mi farebbe piacere.
Alla fine si trovarono d'accordo. Si dondolarono un poco a destra e a sinistra e riuscirono a staccarsi dal fondo del mare. Si avvicinarono, si rigirarono su se stesse; la Sicilia voleva mostrare alla Sardegna il suo Etna fumante, e la Sardegna ci teneva a far vedere alla sua sorella maggiore tutte le insenature della sua costa.
Poi, pian piano e sempre chiacchierando piacevolmente, si avviarono verso lo Stretto di Gibilterra. Qui cominciarono i guai, perché lo Stretto era troppo stretto e né la Sicilia né la Sardegna ci potevano passare.
Lo Stretto di Gibilterra se la rideva come un matto:
— Avete due pance grosse come un magazzino di botti. Scommetto che non ce la fate a passare!
— E tu allargati un pochino, — disse con stizza la Sicilia.
— Lascia andare, — intervenne la Sardegna, che

aveva un temperamento piú pacifico. – Se non ci passiamo, torniamo indietro.

– Ma io voglio andare nei mari del Sud, – protestò la Sicilia.

– Proviamo a passare per il Canale di Suez.

Tornarono sui loro passi e arrivarono ben presto al Canale di Suez. Anche il Canale però era troppo stretto.

– Io per me mi allargherei, – diceva il Canale, stringendosi nelle spalle, – ma poi gli egiziani protestano. Dicono che sono già troppo largo.

– Come facciamo, adesso? – chiedeva la Sardegna, senza troppo inquietarsi.

– Bisognerebbe pregare l'Africa di spostarsi un poco piú a sud; allora tanto il Canale di Suez che lo stretto di Gibilterra potrebbero diventare piú larghi e noi ci passeremmo liberamente. Se proponessimo all'Africa di andare in vacanza anche lei?

Provarono a chiamarla, ma l'Africa non rispondeva. Forse dormiva in mezzo alla foresta vergine, o nel deserto del Sahara. Forse era salita sulla cima del suo monte piú alto, il Kilimangiaro, per trovare un po' di ghiaccio per farsi una granita di caffè. Insomma, la povera Sicilia dovette rassegnarsi. La Sardegna, dal

canto suo, era già rassegnata. Tornarono lentamente al loro posto, vicino allo stivale italiano.
— Non ce ne va bene una, — brontolava la Sicilia.
— Un bel viaggetto lo abbiamo fatto lo stesso, — diceva la Sardegna per consolarla. Infine però si rallegrarono di essere tornate a casa senza danni. Poi tacquero. La notte stava per finire. Le stelle impallidivano e una striscia rosa saliva da Oriente. Nessuno si era accorto della breve

vacanza delle due isole. Le carte geografiche poi, meno che meno, perché d'estate nessuno le guarda: le scuole sono chiuse e le carte geografiche se ne stanno tranquille, appese ai muri. Chissà che cosa pensano?

Le montagne camminano

Nei tempi antichi, le montagne uscirono dal mare. Una alla volta, si capisce. Prima spuntò la testa del Monte Bianco, poi quella del Monte Rosa, poi la punta del cappello del Cervino. Davanti a loro c'era solo una vasta pianura deserta, e le montagne allungavano il collo per vedere lontano lontano che cosa ci fosse mai. Non c'era proprio niente.
Allora si incamminarono lentamente: non potevano mica correre, con tutti quei nevai e ghiacciai e burroni e roccioni che si portavano dietro.
Parlavano tra di loro durante quella grandiosa marcia?
Forse sí, ma naturalmente nella lingua delle montagne, che sono i tuoni, i temporali, i venti, le frane di sassi.

— Avremmo forse fatto meglio a starcene al calduccio in fondo al Mediterraneo, — brontolava il Monte Bianco; — la fronte mi si è già coperta di neve, e sento che la schiena mi si spacca per il gelo. Guardatemi un po' dietro che cosa mi succede.
— Ah, ah, — rideva il Cervino. Il modo di ridere della montagna è piuttosto pauroso: il Cervino, per esempio, ride con la grandine. — Avevi una bella schiena liscia, mi ricordo. Adesso sei grinzoso come un vecchio di un milione di anni.
— Piano, con gli anni, ne avrò sí e no cinquecentomila, — rispondeva il Monte Bianco.
— Non litigate voi due! — soffiava il vento del Monte Rosa. — Restare nel mare non si poteva piú, lo sapete bene. Ho sentito dire che l'Africa si sta avvicinando all'Europa: forse è per questo che qualcosa mi spingeva con tanta forza. In principio io resistevo bene, ma, alla fine, la spinta è stata piú forte di me, e ho dovuto muovermi. Credo che sia stato cosí anche per voi.
Infatti era stato cosí. Ed ora le montagne si dirigevano, pesanti e lente come enormi barconi, verso il Nord.

— Ho ancora i piedi nell'acqua, se non sbaglio, — borbottava il Monte Bianco di quando in quando.
— Io no, — rideva il Cervino, — sono fuori tutto —. Era dritto e magro, astuto e maligno. Prendeva le nubi al volo e le adoperava per fasciarsi la testa, come i bambini che giocano agli indiani.

– Vediamo chi va piú in alto, – propose il Cervino.
Gli altri due accettarono la sfida. Erano tutti e tre dei buoni scalatori, e in poco tempo arrivarono fino ai cinquemila metri. Si fermarono lassú, perché avevano finalmente trovato l'aria migliore, un'aria sottile e leggera che teneva sveglio e fresco il loro cervello. Chissà di che cosa è fatto il cervello delle montagne: di ferro, di rame, di oro, d'argento?
Poi, con il tempo, il gelo, la neve e l'acqua scavarono le loro groppe poderose, disegnarono nei loro fianchi le valli profonde, scolpirono le vette come statue: erano un po' piú basse, adesso, le grandi montagne, ma non avevano piú voglia di camminare. Erano vecchie e stanche.
Figuriamoci se non sono vecchie e stanche adesso, dopo tanti milioni di anni.
È per questo che se ne stanno tranquille e ferme, e appena aprono un occhio quando la tempesta infuria. Il Cervino brontola: – Chi è che mi fa il solletico? – Poi richiude l'occhio e si rimette a dormire. È sceso piú in basso dei suoi due compagni. Piú alto di tutti è il Monte Bianco.

La neve

Che strana nevicata, quest'anno, sulle Montagne Lontane (non cercate queste montagne sulla carta geografica: non ci sono). Perché strana? Ma scusate, che cosa ne dite di una neve gialla? Ebbene, sulle Montagne Lontane è caduta una neve gialla come lo zafferano. Le Montagne sembrano enormi mucchi di oro. La gente le guarda e dice: – La neve ha l'itterizia, quest'anno –. L'itterizia, come sapete, è una malattia che fa diventare la pelle gialla come la buccia del limone. La gente va a dormire e il mattino dopo guarda di nuovo le Montagne Lontane.

– Questa è bella! – dice. Che cos'è accaduto? Sulle Montagne Lontane è caduta una neve rossa come il sangue. E cosí, per tutto l'inverno, la neve continua a cambiare colore: una volta cade verde, e sembra primavera; una volta azzurra, e sembra che il mare sia salito a incontrare il cielo; poi diventa viola, arancione. È uno spettacolo magnifico: la gente si alza al mattino e si domanda: – Di che colore saranno oggi le Montagne Lontane?

Un mattino la neve è caduta nera. Le Montagne sono vestite a lutto. La gente ha paura: accadrà qualcosa di male? Per tutto il giorno la gente resta tappata in casa. Adesso i cambiamenti di colore non divertono piú: la gente vuol rivedere la sua vecchia neve bianca. Ma non la rivede piú, perché il mattino dopo è primavera, e non c'è piú neve sulle Montagne Lontane, ma sole, fiori, e rocce che splendono come diamanti.

La rivolta delle macchine

Le macchine si rivoltarono perché non volevano fabbricare armi. Sapete come cominciò? La prima a rivoltarsi fu una macchina che fabbricava tubi di tutte le dimensioni: tubi sottili quanto un dito e tubi grossi quanto un cannone, di quelli che si adoperano negli acquedotti.
Quando le ordinarono di produrre cannoni, la macchina continuò tranquillamente a fare tubi per gli acquedotti.
— Ma come potremo sparare, — dicevano i generali, irritati, — con questi tubi buoni soltanto per i tombini? Noi dobbiamo farci passare i proiettili, nella canna del cannone; non possiamo mica sparare.
— E voi perché volete sparare? — diceva la macchina, sorridendo tra sé.
Naturalmente i generali non capivano le sue

parole: essi capiscono solo la voce del cannone.
E non vedevano il suo sorriso, perché le
macchine non hanno mica la bocca per
sorridere: sorridono con le loro rotelle.
C'era poi una macchina che faceva chiodi, e
quando le ordinarono di fare proiettili per
fucili continuò come prima a fare chiodi, senza
darsene per inteso.
— Accidenti, — dicevano i generali, — come si fa a
far la guerra con i chiodi? I nostri nemici
raccoglieranno i chiodi e li adopereranno per
rinforzare le suole delle scarpe.
Una terza macchina doveva fare la polvere da
sparo e altre polveri e miscele esplosive; ma lei
fece finta di niente e continuò a produrre
concimi per i campi.
— Possiamo forse buttare questa roba contro i
nostri nemici? — chiedevano i generali
grattandosi la pera. — Invece di distruggere le
loro città non faremo che ingrassare e concimare
i loro terreni.
Provarono a castigare le macchine, lasciandole
senza olio e senza acqua. Le macchine avevano
fame e intristivano a vista d'occhio, coprendosi
di ruggine. Ma gli operai, per non lasciarle
morire, le curarono con amore, pulendo e

lubrificando ogni ingranaggio. E quando i generali diedero ordine di far lavorare le macchine, queste ripresero, come prima, a produrre tubi, chiodi, concimi. I generali erano disperati perché non potevano fare la guerra: la gente invece era contenta. Passando accanto alle fabbriche, la gente sorrideva perché sentiva le macchine cantare:
«Capitano della guerra, prendi lo schioppo e casca in terra».

Il cielo

Il cielo mi piace tanto, con la luna, le stelle e tutto il resto. Però mi piacerebbe di piú se potessi cambiarlo ogni tanto a modo mio. Una sera, per esempio, vorrei tre lune, non una sola: una luna rotonda, una luna quadrata, una luna triangolare. La luna rotonda gira rapidamente intorno al cielo come una palla, come l'occhio luminoso di un faro. Un'altra sera mi piacerebbe disporre le stelle secondo disegni che preparerei io stesso. Disegnerei con tante stelle il mio nome, poi il nome del mio bambino, poi il nome della sua mamma. Metterei una stella ferma in mezzo al cielo, ordinerei a tutte le altre di farle attorno il girotondo. Tutti guarderebbero in su, sarebbe uno spettacolo molto piú bello dei fuochi artificiali.

Poi farei fare la corsa alle stelle da un capo
all'altro del cielo, per vedere qual è la piú veloce.
Insomma non le lascerei mai ferme, le farei
sempre muovere di qua e di là.
Mi piacerebbe anche vedere un corteo di stelle:
centomila stelle in fila, e davanti a tutte la luna,
come una bandiera bianca.

Un regalo per le vacanze

Mario ebbe in dono, alla fine dell'anno scolastico, una penna per fare i compiti delle vacanze.
– Io volevo la bicicletta, – si lamentava Mario con il babbo.
– Aspetta a piagnucolare, – gli rispondeva il babbo. – Non hai ancora visto di che penna si tratta.
Qualche settimana dopo, Mario si decise, di malavoglia, a cominciare i compiti per le vacanze. «Che disdetta, – pensava, risolvendo un problema, – per tutto l'anno il maestro mi ha dato per compito temi, problemi, operazioni e disegni. Per le vacanze avrebbe ben potuto darmi degli altri compiti. Per esempio: compito del lunedí, scalare una pianta di ciliege e fare una bella scorpacciata; compito del martedí,

giocare una partita di calcio fin che si cade a terra stanchi morti; compito del mercoledí, fare una bella passeggiata nei boschi e dormire sotto la tenda. Invece no, eccomi ancora qui a fare divisioni e sottrazioni».

Proprio in quel momento la penna ebbe un guizzo, e si mise a correre rapidamente sui quadretti della prima pagina del quaderno.

– Che cosa ti salta in testa, – esclamò Mario. Era una cosa meravigliosa: la penna correva, correva da sola, e in un attimo il problema fu risolto, le risposte furono scritte in bella calligrafia. Soltanto allora la penna si quietò e si sdraiò sul

tavolino, come se fosse stanca e avesse voglia di dormire.
– Questa è bella, – disse Mario. – Ecco una penna che fa i compiti da sola!
Il giorno dopo, Mario doveva svolgere un tema. Si mise a tavolino, impugnò la penna, si grattò la testa per cercare qualche idea, ed ecco che di nuovo la penna partí in quarta velocità, e in un momento arrivò in fondo al foglio. Mario non aveva nessun'altra fatica da fare che di voltare il foglio; poi la penna ripigliava la sua corsa. Camminava da sola, senza che Mario dovesse tenerla fra le dita, e scriveva piú in fretta di una macchina. Da quel giorno, Mario, quando doveva fare il compito, apriva il quaderno, posava la penna sulla carta e stava a guardare: la penna faceva tutto per conto suo, piú brava del primo della classe. Mario si divertiva un poco a starla a vedere, poi sentiva i suoi amici che lo chiamavano, sotto la finestra.
– Vengo subito, – rispondeva. E rivolgendosi affettuosamente alla penna, le sussurrava:
– Finisci tu il compito, intanto che io vado a fare il bagno nel fiume.
La penna non se lo faceva dire due volte.
Quando arrivava in fondo al foglio, e il compito

era finito, saltava da sola nell'astuccio e si metteva a dormire. Una bella fortuna, per Mario, dovete ammetterlo.

Alla fine delle vacanze, il quaderno dei compiti era zeppo, pulito e ordinato come nessun quaderno di Mario era mai stato. Mario lucidò ben bene la sua penna, che se lo era meritato, e la ringraziò del suo ottimo servigio.

La favola piú corta

Una volta tre novellatori fecero una gara, e avrebbe vinto quello che sapeva la favola piú corta.
Il primo novellatore raccontò una favola di cento parole.

Il secondo raccontò una favola di cinquanta parole.
Il terzo stette zitto e nulla raccontò.
— Be', allora? — dissero gli altri due. — Non dici niente, tu?
— Ho già finito. La mia favola s'intitola: *Il silenzio è d'oro*.

I suoi compagni riconobbero che la sua era stata la favola piú corta e gli dettero il premio. Ma io non so che premio sia stato.

I vecchi proverbi

In una città di cui un giorno racconterò la storia e descriverò usi e costumi c'è un edificio tranquillo, un po' fuori mano. È il ricovero dei Vecchi Proverbi, dove si sono ritirati a riposare, appunto, i Proverbi Vecchi, che una volta saranno stati anche giovani e veri, ma adesso nessuno li vuole piú ascoltare. A riposare? Dovrei dire piuttosto a chiacchierare e discutere interminabilmente.
— *Chi asino nasce, asino muore,* — sentenzia un Vecchio Proverbio.
— Ma va', — ribattono i suoi ascoltatori, — e se studia? Se si affatica e sacrifica? Tutti possono migliorarsi.
— *Chi si contenta gode,* — interviene un altro Vecchio Proverbio.
— Figuriamoci, — gli danno sulla voce. — Se gli

uomini si contentavano di quel che avevano, vivrebbero ancora sugli alberi come le scimmie.
— *Chi fa da sé fa per tre!* — si sente gridare.
Passa il dottore (un Proverbio anche lui, ma Giovane) e dice la sua:
— No, chi fa da sé fa solo per uno. Invece *è l'unione che fa la forza*.

I Vecchi Proverbi tacciono per un po'. Poi il piú Vecchio ricomincia:
— *Chi vuol la pace, prepara la guerra!*
Gli infermieri lo sentono e gli fanno bere una camomilla perché si calmi, e con le buone gli spiegano che chi vuole la pace deve preparare la pace, non le bombe.
Un altro Vecchio Proverbio va dicendo: — *In casa sua ciascuno è re.*
— Ma allora, — gli domandano, — se è re, perché deve pagare le tasse? E la luce? E il gas? Bel re, davvero.
Come vedete, i Vecchi Proverbi, discorrendo tra loro, dicono anche delle cose sensate; ma solo quando si fanno la critica. La loro specialità, infine, è il dire ciascuno il contrario dell'altro.
— *Dulcis in fundo!* — dice uno. E subito l'altro:
— *Nella coda sta il veleno!*
Qualche volta fanno compassione. Non si sono accorti che il mondo cambia, che i Vecchi Proverbi non bastano piú a mandarlo avanti; che ci vuole gente nuova, di coraggio, che abbia fiducia nelle proprie mani e nella propria testa. Come voi.

Proposte per l'elenco telefonico

A mio modo di vedere nell'elenco telefonico vi sono numerose lacune. Mancano alcuni numeri di pubblica utilità, che dovrebbero figurare accanto al numero dei pompieri, a quello del servizio sveglia e a quello del servizio informazioni. Passo senz'altro a formulare la proposta di istituire i seguenti numeri:
000000001 – Servizio favole. Utile ai bambini che non sanno addormentarsi se qualcuno non gli racconta una favola; utilissimo ai genitori, che generalmente conoscono poche favole e non le sanno raccontare bene. Voi formate il numero e una voce dolce vi racconta una favola.
000000002 – Servizio barzellette. A molta gente piace ascoltare le barzellette, ma poi se le dimentica e quando ci ripensa non riesce piú a ridere, perché non sa come vanno a finire, o le

confonde l'una con l'altra. Inoltre è difficile mantenersi al corrente delle barzellette nuove, con tutto quel che c'è da fare. Un numero telefonico per le barzellette sarebbe il benvenuto.

0000003 – Servizio titoli. Ci sono persone che vivono nell'amarezza perché non sono ancora riuscite a conquistarsi un titolo, un'onorificenza, un semplice «cav.», da mettere sul biglietto da visita, davanti al nome. Cosí come lo penso io, il servizio telefonico 0000003 dovrebbe servire a rendere felici le suddette persone. Quando si sentissero particolarmente depresse e malinconiche, esse si attaccherebbero al telefono,

e una voce piena di premura, di riverenza e di ossequio le saluterebbe pressappoco come segue: «Buona sera, cavaliere dell'ordine del cavallo a dondolo, grand'ufficiale delle pere cotte...» eccetera.

000000004 – *Servizio suggerimenti*. Questo, poi, è un servizio indispensabile. Non avete un soldo in tasca e non sapete come fare a mangiare? Il servizio suggerimenti dovrebbe suggerirvi la maniera di cavarvela, l'indirizzo di una trattoria disposta a far credito, eccetera.

Spero che le principali società telefoniche terranno nel dovuto conto le mie proposte per il miglioramento del servizio.

Storielle

Mi vengono in mente tante storielle.
Per esempio:
Il cimitero delle virgole. Dove sono sepolte tutte le virgole sbagliate e cancellate dalla matita blu del maestro;
Le viole al Polo Nord. Sarebbe la storia di un giorno di festa cosí felice che perfino i ghiacci si metterebbero a fiorire: forse si tratta del giorno in cui fiorirà la pace per tutti e per sempre;
Le teste sbagliate. Questa sarebbe proprio buona; se le teste sbagliate, cioè piene di idee sbagliate, si potessero svitare e cambiare come lampadine bruciate;
Senza passaporto. Questa sarebbe la storia della primavera, che viaggia da un angolo all'altro del mondo senza bisogno di passaporto, trasportando i suoi fiori, i suoi temporali, le sue

nuvole e le sue belle giornate senza pagare dogana;

Il palazzo da rompere. Questa storia vi piacerebbe proprio: si dovrebbe fare un palazzo pieno di cose che si possono rompere, e invitare i bambini là dentro, un giorno alla settimana, col permesso di spaccare tutto, compresi i muri;

cosí, credo, si sfogherebbero, e poi in casa starebbero piú attenti a non rompere nulla;
Il monumento di neve. Questa storia potrebbe essere raccontata cosí: «Domandarono a un grand'uomo: "Quando sarete morto, come lo volete il monumento, di bronzo o di manna?". "Fatemelo di neve", rispose il grand'uomo, "cosí il sole lo scioglierà e non vi farà ombra"»;
La colla dei francobolli. Invenzione portentosa: francobolli con la colla alla menta, al ratafià, alla fragola, al ribes, da leccare come caramelle. Che incremento per le poste! E i bambini piccoli: «Papà, se sto buono mi porti a casa un francobollo millegusti?».
Storielle cosí ne so cento, mille... Un giorno le racconterò dalla prima all'ultima.

Le favole di Esopino

La volpe fotografa

Una volpe scoprí un bel giorno che la sua vera vocazione era quella di fare il fotografo ambulante. Ve la sareste fatta fare voi una fotografia da quella astuta comare? Io, francamente, no. Ed ora vi spiego i motivi. Dunque, con la sua nuova macchina munita di treppiede e con una bella mostra di fotografie per dimostrare la sua bravura, ecco comare Volpe piazzarsi nei paraggi di un grosso pollaio. Le galline, dietro la rete metallica, si sentivano al sicuro e perciò si fecero piú vicine.
– Osservate che belle e artistiche fotografie! – comincia la Volpe. – Questa la feci al gallo Coda-verde, quando dovette mandare il suo ritratto alla fidanzata.
– Uh, bellissima! – esclamarono ammirate le gallinelle.

— Questa la feci ad una famiglia di conigli. Hanno voluto anche l'aureola dietro la testa, perché si tratta di una famiglia molto religiosa: ed io li ho accontentati. Con la mia macchina posso fotografare tutto quel che si vede, ed anche quello che non si vede!
Un paio di pollastrelle vanitose decisero allora di farsi fotografare:
— Però vogliamo venire con uno strascico di piume…

– Certo, certo. È tutto gratis... Io sono un'artista, una benefattrice, non una commerciante.

Le pollastrelle, vinte dall'entusiasmo, escono gongolando dal pollaio e si mettono in posa. La Volpe finge di guardare nella sua macchina: ficca la testa sotto il panno nero, la ritira fuori, sposta il treppiedi, mette a fuoco l'obiettivo:
– Piú vicine, prego e sorridete. Guardate quell'albero a destra. Pronte? Ferme, eh?

E quando furono abbastanza vicine e ben ferme che parevano di sasso, con un balzo fu loro addosso e le mangiò in un solo boccone. Poverette.

Era meglio se si contentavano di un disegno fatto alla buona, magari col carbone.

La volpe e la coda

Tutti in piazza, tutti in piazza! È arrivata Comare Volpe, la sarta internazionale, con i piú ricchi modelli di stagione! Ci sono tutte, guardate, le comarelle ansiose di farsi belle: madama Coniglia, la sora Micia con le sue figliole, che si fanno grandine e sono ambiziosette, e poi la Lepre, l'Orso, la Marmotta, il Riccio. Comare Volpe, issata sopra un tavolino, mostrava i suoi modelli, disegnati su grandi quadri a colori:
— Osservate, — diceva, mostrando le pitture che rappresentavano uomini e donne di città (e mica animali, ma proprio cittadini come te e come me). — Osservate: qual è la grande novità di quest'anno? Eccola: la coda è passata di moda. Gli uomini, che la sanno lunga, hanno cessato di portarla da un pezzo. Ed anche le loro signore

non portano mica la coda, guardate. Soltanto voi, o scioccherelli e paesanacci, siete rimasti ai tempi che Berta filava. Se volete andare alla moda, dovete farvi mozzare la coda. I sarti di Parigi l'han decretato, i sarti di Torino l'han confermato, e chi porta ancora la coda è un trapassato!

Ma sul piú bello del discorso, chi arriva, volando e chiacchierando, se non il Pappagallo? Lui in persona. E nel becco aveva una tagliola. E nella tagliola c'era...
— Madama Volpe, non è la vostra coda?
La grande sarta diventò rossa come un falò: difatti, era proprio la sua coda, e lei l'aveva lasciata nella tagliola per non restar lí ad aspettare le bastonate del contadino.
Figuratevi la gente, in piazza, giú tutti a ridere come una cascata di riso: — Ah, ecco perché dicevi che la moda della coda è passata...
Le comari però non ridevano: presero dei bei bastoni lunghi cosí e fecero scappare l'imbrogliona.
— Se non te le ha date il contadino, — gridavano, — te le daremo noi!

Gli elefanti equilibristi

L'anno scorso capitò dalle mie parti un circo equestre, ricco di ogni genere di attrazioni.
Il piú bel numero dello spettacolo era il seguente: quattro elefanti ne prendevano un quinto con le loro proboscidi e lo sollevavano in alto.
Il quinto elefante, per non restare ozioso, afferrava con la proboscide un gatto e lo faceva rimbalzare come una palla.
La gente non si stancava mai di ammirare quell'esercizio, e piú volte, durante la serata, si metteva a gridare a gran voce:
– La piramide! Vogliamo la piramide!
Allora il direttore del circo chiamava i cinque elefanti e lo spettacolo ricominciava.
Dovete però sapere che il gatto era un terribile vanitoso. Quando la gente applaudiva si

inchinava da tutte le parti: ritto sulla proboscide del quinto elefante, faceva le fusa, si arricciava i baffi, salutava con la coda. Insomma, si prendeva lui tutta la gloria, e agli elefanti diceva:

— Poveretti, se non fosse per me non avreste che fischi. Sentite che applausi? È tutto merito mio, bestioni! Ringraziatemi come si deve!
Gli elefanti portavano pazienza e non gli rispondevano nemmeno.
Una volta però il gatto pretese addirittura, al termine dell'esercizio, di fare un discorso al pubblico.
— Signore e signori, — cominciò a miagolare, — vi prego di scusare questi cinque zucconi buoni a nulla, che non sono capaci di farvi divertire. Per fortuna ci sono io e...
Ma non fece in tempo a finire il discorso, perché l'elefante che lo reggeva sulla proboscide, con una leggerissima spinta, lo mandò a ruzzolare sul palco della banda. Il gatto finí nella bocca di un trombone, tra le risate del pubblico. E, finito lo spettacolo, scappò dal circo senza nemmeno farsi dare la paga.

Il gatto randagio

Un gatto randagio capitò una volta, per caso, in una compagnia di gatti da salotto, che si riunivano su un terrazzo della capitale, proprio in vista del Colosseo. C'era il Duca Soriano, la Marchesina Siamese, il Principe D'Angora, il Barone Micio Micettini di Rocca Micia e tanti altri gatti nobili, lussuosamente vestiti e pieni di decorazioni, profumati e pettinati da far invidia agli artisti del cinema.
Questi grandi personaggi, alla vista del Randagio, torsero il naso disgustati.
– Come puzza! – esclamò la Marchesina.
– Scusi, ma non potrebbe farsi una frizione di colonia?
– E di grazia, – gli domandò il Conte De Gattis, aggiustandosi il monocolo, – non potrebbe impomatarsi i baffi? Le sembra il modo di

comparire davanti a gente per bene? Guardi che unghie! Perché non è andato dalla manicure?
Il Randagio si sentí diventar rosso dalla vergogna, ma per fortuna gli altri non potevano accorgersene, perché aveva il pelo nero. Proprio in quel momento, però, un topo si affacciò al terrazzo, col suo vispo musetto grigio.
Alla vista del terribile nemico, il Duca Soriano, il Conte De Gattis, la Baronessa Gatta Pelagatti di Minervino e tutti gli altri nobili personaggi scapparono via miagolando:
— Si salvi chi può! Aiuto, chiamate i pompieri, la polizia! Siamo perduti! La rivoluzione!
Il Randagio, invece, con un salto fu addosso al topo e ne fece un boccone.
Poi, leccandosi i baffi, si distese al sole sul terrazzo, dov'era rimasto solo, e rise:
— Ma guarda un po' questi ricconi: sono cosí abituati a trovare la pappa pronta che non sanno piú dar la caccia a un topo, anzi, al solo vederlo, se ne fuggono impauriti. Meglio cosí: adesso del terrazzo son padrone io.

Il cavallo ammaestrato

Un saltimbanco ammaestrò un cavallo alla perfezione. Gli aveva insegnato a scegliere tra le lettere dell'alfabeto, scritte su grossi cubi di legno, quelle che formavano il suo nome: Pègaso. Quando cominciava lo spettacolo, il saltimbanco domandava:
— Signor cavallo, comincia il ballo. Volete dirmi come vi chiamate?
E Pègaso, con sapienti colpi di zoccolo, sceglieva una dopo l'altra la P, la E, e cosí via, fin che sei cubi in fila scrivevano a lettere rosse il suo nome squillante come un suono di tromba: «PÈGASO».
La gente scoppiava in applausi.
Nelle ore di riposo, il saltimbanco insegnò a Pègaso anche il proprio nome, che era Teodoro. Quando fu ben sicuro che il cavallo sapeva scrivere anche questa parola senza sbagliare,

cominciò a dare nuovi spettacoli sulla pubblica piazza.
— Signor cavallo, presto al lavoro. Qual è il mio nome?
— TEODORO, — rispondeva il cavallo: non con la voce, certo, ma scegliendo i sette cubi di legno con le lettere T, E, O, eccetera.
Bisogna dire però che Teodoro non era una persona per bene, e quando poteva allungare le mani sulla roba degli altri non si faceva pregare. Una volta, per esempio, rubò tutte le lampadine del villaggio, e fece restare allo scuro tutte le strade. Il Sindaco diventava matto a cercare il ladro, ma non riusciva a trovarlo. Una sera, mentre il saltimbanco dava spettacolo in piazza, tra i presenti vi era il Sindaco.
Ad un tratto egli balzò in mezzo alla pista, diede uno zuccherino al cavallo e gli domandò:
— Cavallo, cavallone, mi sai dire il nome del ladrone?
A queste parole tutti i presenti tacquero.
Pègaso rimase un poco imbarazzato, perché capiva soltanto il linguaggio del suo padrone. Ma poi, per non fare brutta figura, cominciò a scegliere i cubi dell'alfabeto. Scelse una T, poi una E, poi una O... Sapete che scrisse? «TEODORO».

Il povero saltimbanco diventò tanto rosso che si capí subito chi era stato il ladro. Cosí Teodoro fu messo in prigione e Pègaso si prese una medaglia. Ora è allevato a spese del Comune, e il maestro di scuola gli insegna a scrivere: «VIVA IL SINDACO».

L'eredità di Topone

Il vecchio Topone, sentendosi vicino a morire, chiamò attorno al letto i suoi figlioli: Topogrigio, Codaritta e Mezzobaffo.
— Ragazzi, — sospirò Topone, aggiustandosi sulla pancia la borsa dell'acqua calda, — sto per morire e voglio dividere tra voi i miei possedimenti. A te, Topogrigio, lascerò quella bella forma di cacio parmigiano che sta nel negozio del signor Brambilla. A te, Codaritta, la scatola di biscotti che la signora Teresa ha dimenticato in anticamera. E a te, Mezzobaffo, non ho proprio nulla da lasciare: hai le tue unghiette e buoni dentini, potrai cavartela da solo.
Detto questo, sospirò piú a lungo e si voltò con la faccia contro il muro per non far vedere che piangeva.

Quando fu morto, i tre figlioli lo seppellirono in cantina, dentro la sabbia dove si mettono a invecchiare le bottiglie. «L'odore del vino, – pensarono, – gli terrà compagnia». Concluso il funerale del padre, si salutarono e ciascuno se ne andò per i fatti suoi.

Topogrigio si seppellí subito con la sua famiglia nella forma di cacio parmigiano: vi scavarono gallerie e saloni, scale e stanze da letto.

Ma si sa che i topi sono molto ghiotti di cacio: ogni giorno un pezzo di casa spariva. Ora era Topogrigio che si mangiava il caminetto, ora era

sua moglie che faceva colazione con i mobili della stanza da letto. Dopo una settimana il parmigiano era tutto finito: il Gatto aspettava proprio quel momento. Cosí finí miseramente la famiglia di Topogrigio.

Codaritta entrò nella sua scatola di biscotti e ingrassò tanto che non fu piú capace di uscirne: il Gatto lo pescò fuori con una zampata, e buon appetito!

Mezzobaffo non aveva ricchezze da difendere: aveva soltanto i suoi dentini per cercarsi da mangiare. E lavorando e faticando divenne tanto bravo e tanto furbo che il Gatto lo sta cercando ancora adesso, ma non riesce a trovarlo. Voi non diteglielo, per carità, se sapete dove sta!

L'arabo e il cammello

Un mercante arabo possedeva un cammello con il quale trasportava le sue mercanzie da un capo all'altro del deserto. Questa è una favola dei tempi antichi, ed a quei tempi i cammelli sapevano ancora parlare.
Disse un giorno il cammello al mercante:
— Padrone, ho lavorato per te tutta la vita. Non credi che abbia diritto ad un'onorata vecchiaia? Prenditi un altro cammello per i tuoi viaggi, e lasciami nella stalla a riposare.
Il mercante gli rise sul muso: — Lavorerai fin che sarai capace di camminare. E quando ti fermerai, ti ucciderò.
Partirono per un lungo viaggio, e in mezzo al deserto li sorprese una tempesta di sabbia. Il cammello si accovacciò e il mercante si riparò dietro il suo corpo. Rimasero cosí due giorni e

due notti. Quando la tempesta cessò, disse il mercante:
— Presto, ripartiamo. Altrimenti il sole ci ucciderà. Non abbiamo piú acqua.
— C'è ancora dell'acqua nella mia gola. Tagliala e bevi, — disse il cammello.
Il mercante gli tagliò la gola e bevve l'acqua.

Ripresero il viaggio, ma il cammello era assai stanco.

— Non sai piú camminare, dovrò ucciderti, — disse il mercante.

Il cammello non rispose. Accelerò il passo, si mise addirittura a correre, ma abbandonò la pista, e portò il suo padrone in un'oasi selvaggia, dove viveva una tribú crudele, che fece schiavo il mercante e lo mise in catene.

— Mi hai tradito, — gridava il mercante stringendo i pugni.

— Non aspettarti amore, quando semini odio. Io ti ho salvato dalla morte e tu hai voluto uccidermi. Io volevo che tu fossi mio fratello, e tu hai voluto essere solo il mio padrone. Ora proverai anche tu che cosa significa avere un padrone.

E si allontanò verso il deserto, tutto solo. Gli arabi raccontano questa storia per insegnare ai loro bambini ad amare il cammello non come una bestia, ma come un amico.

L'orso pescatore

Un orso che viveva di caccia e di pesca nella foresta andò a pescare in riva a un fiume. Infilò il verme sull'amo, gettò la lenza, accese la pipa e si appisolò, aspettando che il pesce abboccasse.
Il sole era caldo, il venticello era fresco, il fiume mormorava una lenta ninna nanna: il pisolino dell'orso diventò un sonno cosí profondo che il pescatore dormiglione non si sarebbe svegliato nemmeno se una balena avesse abboccato all'amo.
Passarono di lí due cacciatori e non fecero fatica a catturarlo con le loro reti. E come se la ridevano: — Sei andato a pescare e sei stato pescato!
L'orso ci restò male, ma ormai era in gabbia. I due cacciatori pensarono di guadagnarsi la vita mostrandolo sulle piazze.

— Venite a vedere, signori e signore, quant'è bravo l'orso pescatore!
Cosí gridavano. E quando avevano radunato una folla di curiosi, mettevano davanti all'orso un vasetto di pesci rossi, e gli ordinavano: — Pesca!
L'orso gettava la lenza nel vasetto, ma il pesce rosso non abboccava.
Alle smorfie del povero pescatore, la gente voleva morir dal ridere.

Una volta l'orso e i suoi due padroni passavano un fiume su un ponticello. Con la piena il ponte crollò e i due cacciatori, caduti in acqua, stavano affogando.

— Salvaci, salvaci! — gridavano i due poveretti all'orso, che con quattro zampate aveva raggiunto la riva.

— No, questa volta non voglio pescare nessuno, — rispose l'orso. E se ne andò per i fatti suoi, giurando di non far piú il pescatore.

E i due cacciatori? Non annegarono, perché piú a valle l'acqua era bassa: ma l'orso non l'hanno ancora rivisto.

Il concerto dei gatti

D'inverno i gatti si radunano sui tetti a far concerto. Sbuca da un comignolo Messer Codanera, grattando un violino scordato. Viene Don Grigione, che pizzica coi baffi il mandolino. E altri ancora ne arrivano da tutte le parti, con chitarre, violoncelli, viole d'amore, flauti e pifferi.
Quando l'orchestra è al completo, si dà il via alla suonata.
Ma i gatti, si sa, non sono musicisti disciplinati; se uno vuol suonare l'*Aida*, potete star certi che un secondo preferirà il *Rigoletto*, e un terzo attaccherà per conto suo *La Traviata*. Per questo nel concerto dei gatti non si riesce mai a capire la melodia, anzi non si sente nessuna melodia, ma una sola miagolata.
A loro, poveretti, sembra una gran musica. Ma

piú poveretti son quelli che la debbono sentire,
perché abitano sotto i tetti nelle vicinanze.
Una sera di quelle, proprio mentre il concerto
infuriava come un temporale, Messer Codanera
udí una voce insolita mescolarsi al miagolio dei
suoi compari.
— Zitti tutti, — ordinò. — Qualcuno ha stonato.
I gatti tacquero. Si sentí allora il trillo
purissimo ed armonioso di un usignolo, che
da un ramo di cipresso cantava la sua canzone
alla luna.
— Ohibò, — gridò Messer Codanera. — Ohibò,
da quella parte: come vi permettete di disturbare
il nostro concerto? Non vi accorgete di stonare?
L'usignolo continuò a infilare note come perle.
— Smettetela, quando vi si dice di smetterla! —
strillò Codanera. — Andate prima a studiare
musica, e poi tornate a farvi sentire.
Tutti i gatti, l'uno dopo l'altro diedero sulla
voce al piccolo usignolo, senza riuscire a farlo
star zitto.
Al balcone di una casetta un poeta si era
affacciato a guardare la luna. La rabbia dei gatti
lo fece ridere assai. E alla fine disse:
— Non siate tanto superbi, signori gatti. State
zitti voi piuttosto, e imparate la musica

dall'usignolo. Siete voi che stonate, e disturbate i sonni della gente per bene.
E siccome non si volevano chetare, li mise in fuga con un secchio d'acqua, e poté ascoltare tranquillamente il canto dell'usignolo.

L'orso bandito

Un Orso faceva il bandito su per le montagne. Armato di trombone e pistole, aspettava al varco i passeggeri costretti ad attraversare la foresta e, dopo averli spogliati di ogni ricchezza, li ammazzava e li seppelliva nella neve per tenerli al fresco: poi, con calma, se li mangiava un po' alla volta.
Cosí era già riuscito a mettersi da parte una buona provvista di carne fresca. E sapete come faceva? Quando vedeva venire avanti qualcuno – supponiamo un paio di coniglietti in viaggio di nozze, su una carrozzella tirata da quattro topi – l'Orso si metteva addosso un mantellaccio e fingeva di essere un poverello che chiedesse l'elemosina.
Ma sotto il mantellaccio nascondeva il trombone e quando i coniglietti, impietositi, si fermavano

e mettevano mano alla borsa, il falso mendicante ridiventava un feroce bandito.
A lungo andare la cosa cominciò a diventare scandalosa: nessuno poteva piú azzardarsi ad attraversare il bosco.

Finché quattro famosi cani poliziotti si misero in testa di prenderlo e farla finita con le sue bravate.

Un bel giorno l'Orso vede venire avanti per il sentiero quattro ciechi con gli occhi bendati, guidati da un porcospino.

– Dove li porti quei poveri ciechini? – domandò l'Orso tutto contento, mentre nascondeva il trombone sotto il mantellaccio.

– Li porto dal dottore a farsi visitare, – rispose il porcospino.

– Se vi interessa, sono un po' dottore anche io: ho studiato da giovane in città. Me li fai guardare da vicino?

– E come no? Vieni pure, ti saranno riconoscenti!

L'Orso, senza alcun sospetto, anzi già pregustando il facile colpo, si avvicina sornione. Ma i quattro cani poliziotti (perché erano proprio loro) gettano le bende, tirano fuori le catene e ti legano messer Orso come una mortadella di Bologna.

E cosí legato lo condussero in prigione.

A furbo, furbo e mezzo!

Una leggenda egiziana

Una volta una bambina fu mandata da sua madre a cercare tamarindi nel bosco. Essa arrivò a un grande albero che apparteneva agli animali del bosco; ma questi se ne erano andati tutti a caccia. La bambina salí sull'albero, riempí il cesto di buoni frutti e fece per tornarsene a casa.
Ma ecco che arrivano gli animali e vedendola lassú, mezza morta di paura, dissero: — Bene, bene: adesso siamo troppo stanchi e dormiamo, la mangeremo domattina —. E si addormentarono tutti profondamente, lasciando di guardia la volpe.
Questa salí sull'albero e disse alla bambina: — Io posso salvarti, ma tu dovrai regalarmi moltissime galline.
— Te ne darò quante ne vuoi! — promise la bimba; e cosí scesero dall'albero e in punta di piedi si

allontanarono. Arrivate a casa, la volpe poté fare una bella scorpacciata di galline e molte altre ne rinchiuse in un sacco per portarsele via. Raccolse anche un po' di sangue di gallina in un recipiente e, quando giunse dove gli altri animali dormivano saporitamente, sporcò di sangue il muso e le zampe della iena.

La mattina, al loro risveglio, gli animali si accorgono che la bambina non c'è piú.
— Che ne sarà stato? come è potuta scappare?
— L'ha mangiata la iena, — disse pronta la volpe, — guardate le sue zampe insanguinate!
La povera iena gridava e protestava di essere innocente.
— Facciamo cosí, — disse allora la volpe, — scaviamo una buca e accendiamoci il fuoco. Poi salteremo uno alla volta e chi vi cadrà dentro sarà il colpevole!
Fecero la buca e vi accesero il fuoco: poi cominciarono a saltare. Uno dopo l'altro gli animali del bosco vi cadevano dentro e scappavano via tutti bruciacchiati. Quando la volpe rimase sola soletta, si stropicciò le zampette e si mise a fare colazione con le sue galline.
Furba, vero? Almeno quanto la volpe delle nostre favole.

La corsa delle tartarughe

Le tartarughe vedevano sempre passare il Giro d'Italia e alla fine venne anche a loro la voglia di correre in bicicletta. Difatti comperarono delle biciclette, con molti sforzi impararono a suonare il campanello e a montare in sella e, quanto al pedalare, ci misero un po' di piú, ma alla fine ci riuscirono.
Figuratevi che festa, il giorno della partenza! Una dozzina di tartarughe – scelte per partecipare alla corsa – si erano fatte dipingere la corazza a strisce di tutti i colori, col numero e la marca della bicicletta: Bianchetti, Legnetti e piú ne hai piú ne metti.
Tutte le altre tartarughe si distesero lungo il percorso, per fare il tifo. Una tartaruga piú grossa delle altre fece la parte dell'automobile

della giuria, e sulla sua schiena presero posto i giudici e i giornalisti con gli occhiali neri.
Fu dato il segnale della partenza e i corridori cominciarono a correre, il piú piano possibile per non stancarsi.
L'automobile della giuria però non poté partire, perché la tartaruga autista si era bell'e addormentata. I giurati, troppo pigri per seguire la corsa con le loro gambe, la imitarono mettendosi ben presto a russare.
I corridori, fatti pochi passi, si dispersero nel

bosco a cercare qualche mucchietto di foglie secche per riposare. Il pubblico, non vedendo arrivare la corsa, si stancò di aspettare e si addormentò.

Per farla breve, dieci minuti dopo il segnale di partenza dormivano tutti quanti. E non si seppe mai chi avesse vinto la corsa, perché al traguardo non arrivò nessuno.

Povere tartarughe! Ma non somigliano a quei bambini che dicono: «Farò questo, farò quello», e poi se ne dimenticano per la strada?

*E per buon peso
quattro racconti lunghi*

Il padrone della luna

In tempi molto antichi, di cui conosciamo la storia solo perché ci sono rimasti certi vecchi libri, la città di Huma (oggi scomparsa: anzi, non si sa nemmeno dove fosse esattamente) era dominata dal tiranno Kum: un uomo, dicono, di forza eccezionale, ricco e crudele. Huma aveva conosciuto altri tiranni, prima di Kum: ma nessuno dotato di una fantasia cosí perversa nell'immaginare i piú vari sistemi per tormentare i suoi sudditi.
Una mattina Kum mandò a chiamare il suo Primo Consigliere, un certo Men, che era al tempo stesso capo delle Guardie e ministro delle Prigioni.
— Chi sono io? — domandò Kum a Men, con voce minacciosa.
— Tu sei il nostro signore e padrone, il tuo piede

è una carezza per il nostro collo, — fu la risposta.
— Ben detto, — ruggí Kum. — E se tu avessi risposto in altro modo ti avrei fatto tagliare la testa. E dimmi ora: chi è il padrone di Huma?
— Tu sei il padrone della città e di tutti i cittadini. Fin l'ultimo capello che ci cresce in capo è roba tua; e tua è la polvere che il vento ci soffia negli occhi.
— Fai presto a parlare di capelli, — rise Kum: infatti Men era calvo, aveva la testa piú liscia di un paracarro. La risposta, tuttavia, aveva messo di buon umore il tiranno, che cosí proseguí:
— Ascolta. Tutto è mio, lo so, e lo sanno tutti. Ma questo mi è di poco vantaggio. Mia è la terra, e i contadini mi pagano l'affitto. Mio è il ferro, mio l'acciaio. Sono mie le strade, e la gente deve pagarmi una tassa per potervi camminare. Mia è l'acqua, e i miei fedeli sudditi me la pagano in argento sonante. Ma vi sono ancora molte cose mie, bada bene, *mie* e di nessun altro, che il popolo si piglia a mio piacere, truffando il suo padrone. Mia è l'aria, e ciascuno la respira a piacimento. Mio è il sole, e i contadini si pigliano gratis i suoi raggi per far crescere il grano e far seccare il fieno.

Mia è la luna, e la gente passeggia la notte lungo il fiume, al suo lume. È la verità: voi vi prendete il lume di luna, voi lo consumate senza risparmio. E che farò quando la luna sarà tutta consumata?
Il povero Men non si sforzò nemmeno di immaginare che cosa sarebbe successo in questo caso. Siccome, però, era tutt'altro che stupido, capí dove andava a parare il discorso del tiranno, e si affrettò a precederlo, come il cane che spicca un salto per arrivare in casa prima del padrone.
— Signore amabilissimo, — sussurrò accarezzando la pantofola di Kum, — perdonami per tanta sbadataggine. Avrei dovuto pensarci da un pezzo. Perché non mettiamo una tassa sulla luna? Una piccola tassa...
— Perché piccola? — tuonò Kum.
— Non volevo dire piccola, signore. Ho detto piccola? Mi taglierò la lingua per castigarla. Una grossa tassa, volevo dire. Una moneta d'argento per ogni raggio.
— Due! — gridò Kum, pestando la sua pantofola dorata sul naso del Primo Consigliere. — Due monete d'argento! E subito. A cominciare da questa sera. Dai subito gli ordini necessari.
— Questa sera non vi sarà luna, Eccellenza.

— Non vi sarà luna? E come ti permetti di dirmelo?
Fu necessario chiamare gli astronomi ed astrologhi di corte per convincere Kum che — per quanto la luna fosse sua proprietà — non sarebbe apparsa prima di due giorni. In quei due giorni Men preparò gli editti sulla tassa e fece visita al Gran Sacerdote dei Sette Dei di Huma, che fece subito una predica per convincere il popolo a pagare la tassa senza protestare.
Per riscuotere la tassa, il Primo Consigliere Men costituí uno speciale corpo di polizia, detto delle «Guardie della luna», per cui fece tagliare e cucire dai sarti una divisa speciale, tutta nera, con una mezzaluna sul petto.
Le Guardie della luna si nascosero nei portoni, sotto i ponti, sotto le panchine dei giardini pubblici, dentro le fontane, tra le fronde degli alberi, e perfino nei tombini e nelle fogne.
Venne la sera, la luna spuntò. La gente camminava a testa bassa per non guardarla, con grande rabbia delle Guardie. Soltanto una vecchina alzò il capo, mentre attraversava la strada: subito le Guardie balzarono fuori dai loro nascondigli e le furono addosso.
Povera vecchia: una moneta d'argento non

l'aveva mai vista in vita sua. Aveva in tasca una mela, tutta la sua cena: le presero quella, per ripagarsi.
Per quella prima notte, ci cascarono i forestieri,

i viaggiatori di passaggio, che non conoscevano le leggi del signor Kum. Ma la voce si diffuse ben presto e le sere successive anche i forestieri, passando per la città di Huma, impararono ad abbassare la testa.

Il signor Kum mandò a chiamare il Primo Consigliere Men.

— Ordina a tutti i cittadini di camminare a testa alta! — strillò, picchiando il disgraziato Men con uno schiaccianoci che gli serviva per passare il tempo. — Chiunque camminerà a testa bassa pagherà una multa. E intanto, caccia in prigione una Guardia della luna ogni cinque. Impareranno a fare il loro dovere.

Men si inchinò sorridendo, disse che non aveva mai sentito una decisione tanto giusta e corse a mettere in prigione le Guardie e a far conoscere i nuovi ordini.

Quella sera i cittadini di Huma, come se si fossero passati la parola, uscirono tutti con gli occhiali neri da sole. A testa alta, naturalmente, come aveva ordinato il signor Kum.

Le Guardie si stropicciarono le mani e cavarono di tasca i libretti.

— Questa volta non ce la fate. Fuori le monete d'argento.

— Perché?
— Come, perché? State guardando la luna, o no? E di chi è la luna?
— Dell'eccellentissimo signor Kum, questo non si mette nemmeno in dubbio. Però noi non la vediamo, per colpa di questi occhialacci neri. E se non la vediamo, non la consumiamo e quindi, perché dovremmo pagare la tassa?
Le Guardie della luna volevano mangiarsi le dita per la rabbia; ma il signor Kum non aveva ancora proibito di portare gli occhiali neri. Ne ebbe tanto dispetto che si ammalò e morí.
Sul letto di morte ordinò al Primo Consigliere Men: — Voglio che la mia luna sia sepolta con me, nella mia stessa tomba.
Men promise: — Sarà fatto.
Ma non fu fatto, vero? La luna è ancora in cielo, vero? La luna è di tutti, come l'aria, come il sole, come il mare, come la strada.
Ci sono ancora tanti signori Kum che pretendono di essere padroni della luna. Quando ne incontrate uno, domandategli da parte mia:
— Siete ubriaco, signor Kum?

Farò il pittore

C'era una volta un bambino che si chiamava Giorgio e voleva fare il pittore. Questo lo capivano subito tutti perché, se lo andavate a trovare, lui immediatamente vi diceva: — Sta' fermo, che ti faccio il ritratto.
E difatti disegnava per terra con un pezzetto di carbone uno scarabocchio e poi vi domandava con l'aria piú soddisfatta del mondo: — È vero che ti somiglia?
Naturalmente non somigliava affatto, ma bisogna tener presente che Giorgio aveva soltanto quattro anni. Quando ne ebbe cinque cominciò a disegnare con la matita e quando ne ebbe sei cominciò a disegnare con i pastelli colorati. Però bisogna dire la verità: Giorgio non aveva molta pazienza. Se un disegno non gli riusciva subito somigliante, piantava lí tutto e se

ne andava a giocare. Insomma voleva fare il pittore, ma non gli piaceva far fatica.
Un giorno, mentre si trovava in un prato per disegnare certe margherite appena sbocciate, gli si avvicinò uno strano personaggio.
— Buongiorno, — disse il Personaggio. — Trovo che sei molto bravo a disegnare.
— Io sí, sono bravo, — rispose Giorgio, — ma questi stupidi pastelli non vogliono fare quello

che penso io. Non sono ubbidienti. Fanno macchie, scarabocchi: alla fine non si capisce piú niente. Invece delle margherite, compaiono sul foglio strane cose, come mulini a vento e biciclette.
Il Personaggio sorrise e disse: — Ti darò io un pennello ubbidiente, un pennello miracoloso che dipingerà da solo. Però ad una condizione: tu dovrai studiare ogni giorno il disegno per un'ora. Dopo lo studio, il pennello si muoverà da solo e dipingerà quello che tu vorrai.
Difatti il Personaggio consegnò a Giorgio un pennellino e se ne andò. Tornato a casa, Giorgio si affrettò a provare il pennellino e rimase stupito nel constatare che il misterioso Personaggio aveva detto il vero. Bastava che lui si mettesse davanti alla carta bianca o alla tela e che dicesse: «Voglio dipingere un paesaggio con una nuvola rossa e sette pini verdi», e subito il pennello si muoveva su e giú per la tela e nel tempo di contare fino a dieci il quadro era finito. Giorgio, però, non dimenticava il patto con il Personaggio e ogni giorno studiava il disegno per un'ora. Cosí grazie al pennellino miracoloso, diventò un pittore celebre e tutti volevano farsi fare il ritratto da lui. I suoi quadri

riempivano i musei ed erano molto ammirati dai visitatori.

Un giorno Giorgio si stancò di studiare il disegno e pensò:

«Ormai sono famoso, il mio pennello mi serve a meraviglia: perché mai dovrei continuare uno studio cosí faticoso e antipatico?».

Difatti smise subito di studiare. La sera stessa volle fare un quadro con il mare in burrasca. Si mise davanti alla tela bianca, afferrò il pennello, ma tutto finí lí. Il pennello non si muoveva piú. Preso dalla stizza, Giorgio lo gettò lontano e, chissà come andò, non riuscí piú a trovarlo.

Il povero pittore lo cercò dappertutto. Visitò tutte le botteghe della città, comperò centinaia di pennelli e li consumò uno dopo l'altro, ma non c'era verso di trovarne uno che si muovesse da solo. E intanto, nessuno voleva piú i suoi quadri. Giorgio finí col trovarsi in miseria.

Tuttavia, nonostante i suoi difetti, Giorgio amava davvero la pittura e un bel mattino ricominciò a dipingere con passione. Era una fatica dura, perché non aveva piú pennelli miracolosi. Per fare un solo quadro ci mise parecchi mesi e la gente lo scherniva. Patí anche la fame, ma alla fine riuscí a fare un bel quadro

tutto con le sue mani, cento volte piú bello di quelli disegnati dal pennello magico. Allora Giorgio capí che anche gli altri quadri non si erano fatti da soli, ma il pennello li aveva dipinti solo perché lui aveva studiato e faticato ogni giorno. Capí che senza fatica non si superano le difficoltà e non si conquista la bellezza. La sera stessa ritrovò il pennello magico, ma ormai non gli serviva piú: Giorgio era diventato un vero pittore.
Attaccò il pennello al muro, e lo conservò come un caro ricordo.
Io sono stato una volta nel suo studio e l'ho visto: un pennellino da due soldi, come li vendono tutte le botteghe.

All'ombra
di un albero di Natale

Gentilissima signora direttrice,
non so se il suo giornale usa pubblicare opere
di gatti. In ogni caso, spero che farà eccezione
per il presente racconto, perché esso è stato
scritto da un gatto di buona, anzi di ottima
famiglia. Può chiedere referenze sul mio conto
al professor Guido Guidolotti, in casa del quale
sono nato due anni or sono, o addirittura al
professor Giovanni Maria Martini, noto
insegnante di matematica al Liceo Civico, in
casa del quale abito attualmente, su una
poltrona del tinello che ho scelto per mio
domicilio.
Non sono un gatto di molte parole e di molti
miagolii. Entrerò dunque senz'altro in
argomento. L'argomento riguarda, per

cominciare, un bisticcio tra i due figli minori del professor Martini: il nominato Antonio Martini, di anni 13, e il nominato Gian Luigi Martini, di anni 8. Dei figli maggiori non mi occupo: essi, dal canto loro, non si occupano di me, né per tirarmi la coda né per costringermi a fare difficili esercizi ginnastici, come dare la zampa, star ritto sulle gambe posteriori e simili. Tutte cose che formano invece i miei rapporti quotidiani con i nominati Antonio e Gian Luigi Martini: cose che io tollero perché so che con i ragazzi bisogna avere pazienza.

Una sera dei primi di dicembre mi ero da poco appisolato sulla poltrona quando un acuto contrastare di voci mi costrinse a riaprire gli occhi.

— Non farò il presepio, no, no, e poi no! — gridava Antonio, agitando un dito sotto il naso del fratello. — Ne ho già fatti una decina in vita mia, ed è sempre la stessa storia. Voglio farmi un albero di Natale, alto fino al soffitto, con cento lampadine almeno, e con una stella a luce intermittente. Lo sai cos'è la luce intermittente? Lo sai?

— La luce «interitente» non mi interessa, — dichiarava Gian Luigi, — puoi metterla al naso e

nelle orecchie. E se voglio delle piante vado ai giardini pubblici. Ce ne sono di bellissime. Io ho detto che farò il presepe e non sarai tu a farmi cambiare idea. Tra l'altro non sai nemmeno che l'albero di Natale è un'usanza nordista: lo ha detto la mia maestra.
(*Immagino, signora direttrice, che il piccolo Gian Luigi avesse tutte le intenzioni di dire «nordica»: egli ha usato distrattamente il termine «nordista» imparato al cinematografo. La prego di perdonarlo e di leggere avanti.*)
— Il presepio è una cosa da bambini, come la favola di Cappuccetto Rosso, — sentenziò il «nordista».
— Cappuccetto Rosso sarai tu, — fu la risposta. L'allusione ai capelli rossicci del nominato Antonio era cosí evidente che sentii odore di zuffa. Per fortuna, a questo punto il professor Martini abbassò il giornale dietro il quale si era trincerato, si tolse gli occhiali e si schiarí la voce.
— Hm, hm, — fece.
Quando il professor Martini fa «hm, hm», non è come quando lo fa qualsiasi altra persona. Tutti possiamo fare «hm, hm», anche noi gatti: ma non a quel modo. Sembrano due colpi di pistola sparati per un segnale. A quel segnale tra

le quattro pareti del tinello si crea il perfetto silenzio, ed io posso udire il fruscio della mia coda che si rizza per lo spavento.

— Una discussione inutile, — disse invece dolcemente il professor Martini. Con nostra sorpresa egli fissò per qualche istante i suoi due figlioli, e chiuse l'astuccio degli occhiali. Indi si

alzò, spinse la sedia sotto il tavolo e concluse:
— Non c'è bisogno di litigare. Antonio farà
l'albero di Natale e Gian Luigi farà il presepio.
Cosí sarete contenti tutti e due. La casa è
grande per fortuna. C'è posto per tutti, fin che
non ce ne dovremo andare.
(*Scusi se intervengo di nuovo, signora direttrice: devo
informarla che il professor Martini è in causa col padrone di
casa che lo vuol sfrattare, per affittare l'appartamento a un
prezzo piú conveniente.*)
— Avremo un Natale doppio, — disse ancora il
professor Martini. E senz'altro si diresse verso
il suo studio per correggere i compiti di classe,
non prima di aver gettato là un: — Tu che ne
dici, Palletta?
(*Palletta sarei io: la famiglia Martini si ostina a credere che
quello sia il mio nome. Invece non lo è affatto. Non ho alcun
nome e non ci tengo ad averne: un nome, capirà, poi magari
anche una cartellina delle tasse! Grazie tante, preferisco
vivere in incognito. La cosa del resto non ha importanza: mi
chiamino come vogliono, io non rispondo mai alle loro
domande.*)
Non risposi nemmeno al professore.
Non starò a descriverle, signora direttrice, il
giubilo che la decisione paterna sollevò nei due
piú volte nominati giovanotti: per l'entusiasmo

essi si saltarono al collo, dimenticando che erano stati lí per lí per ficcarsi le dita negli occhi. Io pure dovetti partecipare alla festa e fui portato in trionfo da Antonio, come se il merito fosse stato mio; passai quindi alle braccia di Gian Luigi che mi gridava nelle orecchie:
— Palletta! Abbiamo vinto, hai sentito? Abbiamo vinto tutti e due.
Secondo me si trattava piuttosto di un match pari, ma è noto che non ho l'abitudine di comunicare le mie opinioni al prossimo.

Nei giorni successivi mi toccò spesso di passare dalle braccia dell'uno a quelle dell'altro. A turno i due ragazzi si ostinavano a farmi ammirare il loro lavoro natalizio.
— Palletta, — mi diceva Gian Luigi mostrandomi il tavolino su cui aveva costruito le sue montagne di cartapesta, — quella è la grotta, la vedi? Ma non là, là c'è la bottega del fornaio: i pastori che vanno a trovare Gesú hanno viaggiato tutta la notte ed hanno fame, perciò occorre un fornaio. Per i piú ricchi c'è anche l'osteria, con il pollo di gesso sul tavolo. Per i piú poveri c'è la vecchia delle ricotte, il

caldarrostaio, il venditore di lupini... Vedi le pecorine? Sono piú grandi di te, lo sai? Tu avresti paura se te ne capitasse una davanti.
(Tra parentesi, a me le pecore non hanno mai fatto paura, figuriamoci se mi potevano impressionare quelle lí: con una zampata ne avrei sbranate una decina.)
— Quelli laggiú, sulla collinetta, un po' in cima, — proseguiva Gian Luigi, — sono i Re Magi che vengono dall'Oriente. Vedi che bei cammelli? Ti piacerebbe andare sul cammello? A me sí. Vorrei attraversare il deserto, dormire sotto la tenda con i beduini...
Cosí a Gian Luigi piaceva fantasticare davanti alle sue statuine. Spesso cambiava di posto ai pastori rimproverandoli gentilmente: — Tu lo hai già visto bene. Adesso lascia venire davanti quest'altro.
Ogni giorno faceva fare qualche passettino ai cammelli dei Re Magi. E ogni giorno portava a casa delle novità: del muschio per i prati, della bambagia per fare la neve, perfino la statuina di un cow-boy a cavallo che sollevò le critiche di Antonio.
— A quei tempi, — diceva, — i cow-boy non erano ancora inventati.
— Un apparecchio a reazione sull'albero di

Natale, — ribatteva Gian Luigi, — ci sta peggio che un cow-boy nel presepio.
Antonio mi strappava dalle braccia del fratello e mi portava davanti al suo capolavoro, nell'angolo opposto del salotto: — Palletta, sta male quell'apparecchio sull'albero?
Ci stava male? Non so. L'albero, in generale, offriva uno spettacolo abbastanza strano: ci avevano fatto il nido, per cosí dire, centinaia di oggetti luccicanti, quali sarebbero palline e palloni, stelline e stellone e in tutto quel bazar spiccavano sagome di modernissimi aeroplani a reazione e addirittura un razzo per il volo interplanetario. Devo infatti comunicarle che Antonio aspira con tutte le forze a far parte dell'equipaggio che compirà il primo volo dalla terra alla luna. (Tanti auguri!)
Avrei molto apprezzato di essere lasciato in pace sulla mia poltrona, ma, mio malgrado, ero ogni giorno di piú coinvolto in quella guerra fratricida. Una mattina, però, destandomi da un breve pisolino, vidi i due fratelli, seduti con aria meditabonda uno accanto all'altro, quasi abbracciati. Erano soli in casa, e l'occasione sarebbe stata propizia per guerreggiare senza essere disturbati da noiosi

testimoni. Che cosa avevano mai da dirsi di cosí importante? Decisi di ascoltare attentamente.
– Il babbo non deve sapere nulla, – esclamava Antonio, soffocando la voce. – Ha già troppi pensieri.
– Ma è pericoloso! – ribatteva Gian Luigi.
– Dobbiamo avvertirlo per forza. O almeno dobbiamo avvertire la mamma.
– Già, – replicava il maggiore, – questa idea te la raccomando proprio. Si metterebbe a piangere e complicherebbe le cose.
– E se davvero gli sparano, al babbo?
Il verbo «sparare» mi convinse che era necessario saperne di piú. Non volendo disturbare i ragazzi con le mie domande (*non faccio mai domande a nessuno, lei lo sa bene*) balzai sul tavolo e mi avvicinai silenziosamente. Sul tappeto stava un biglietto spiegazzato, coperto di grossi caratteri a stampatello. So leggere, per fortuna. Non per niente sono un gatto cresciuto in casa di gente istruita. Ed ecco che cosa diceva il biglietto:
«Professore, attenzione! Certi quattro sulla pagella del trimestre sarà bene che non li scriva. Altrimenti piombo!!!».
Lei forse stupirà, signora direttrice, che io abbia

potuto credere anche per un solo momento alla serietà di quella minaccia. Ma, di questi tempi, non sono cose da prendere sotto gamba. Si sono visti ragazzi sparare ai loro professori per un brutto voto. I giornali ne hanno parlato ed io qualche volta leggo anche i giornali. In casa si era parlato di quei brutti episodi. I ragazzi apparivano impressionati.

— Nessuno deve sapere di questo biglietto, — dichiarò Antonio. — Non solo. Ma da domani dovremo fare in modo di arrivare sempre per primi ad aprire la cassetta delle lettere. Il babbo è in pericolo, ma ha bisogno di tranquillità. Penseremo noi a proteggerlo.

— Ma come? — domandò flebilmente Gian Luigi.

Quella sera il professor Martini notò con meraviglia certe strane manovre dei suoi figlioli. Gli giravano attorno senza perderlo di vista un minuto, scambiandosi occhiate piene di significato: Gian Luigi gli si andò perfino a sedere sulle ginocchia, cosa che non faceva da un paio di anni almeno.

— Niente guerra, stasera? — domandò sorridendo il professore.

Antonio ebbe la prontezza di mettersi a vantare

il suo albero, come al solito. Gian Luigi rispose debolmente, e corse ad abbeverare un gregge di pecore in uno specchio: ma io vidi benissimo la lagrima che gli cadeva dagli occhi e andava a spiaccicarsi sulla superficie liscia e brillante del finto laghetto.
Nei giorni seguenti osservai con una certa ansia i movimenti dei ragazzi. Essi si alzavano prestissimo. Forse dormivano a turno, forse si facevano chiamare di nascosto dalla domestica, con il pretesto dei compiti. Di solito mi svegliavo nel momento in cui Antonio o Gian Luigi rientravano dopo l'ispezione alla cassetta della posta. In due occasioni li vidi mostrarsi, in gran segreto, lettere simili alla prima. Udivo i loro discorsi, sempre piú circospetti.
– Ma non facciamo nessun passo avanti! – si lagnava Gian Luigi.
Il piccino era ogni giorno piú pallido e nervoso: la signora Martini aveva già cominciato a preoccuparsene, gli toccava la fronte per sentirgli la temperatura, gli guardava la lingua...
Il passo in avanti si fece per merito mio.
Fu una mattina di domenica, lo ricordo benissimo, e nella cassetta s'era trovata un'altra lettera anonima. Antonio la stava mostrando al

fratello quando la porta dello studio si aprí e comparve d'improvviso il professore. Nella fretta di ficcarsi in tasca quella roba, Antonio lasciò cadere la busta. Per fortuna il professore non si accorse di nulla: sulla busta mi ci ero seduto io.
Uscito il professore, Antonio mi fece sobbalzare con un grido:
— Palletta! Che cosa fai, Palletta?
Non facevo proprio nulla di strano: rivoltavo la busta tra le zampe, per semplice curiosità. Ma Antonio era eccitatissimo:
— Palletta, sei un asso! Ho capito; sí, sí, bravo, ho capito.
— Ma che cosa hai capito? — domandava Gian Luigi ansioso.
— Guarda, sulla busta non ci sono francobolli. Io non ci avevo mai fatto caso, ma Palletta lo deve aver notato, e ha fatto il possibile per dirmelo.
— Vuol dire che l'assassino porta la lettera lui stesso! — gridò Gian Luigi.
— Zitto! — gli impose il fratello. — Vuoi che lo sappiano tutti? Ora è chiaro quello che dobbiamo fare. Sorprendere l'assassino e catturarlo.

Un'impresa rischiosa, signora direttrice: ma non era il caso di scoraggiare quei ragazzi. Perciò mi tenni i miei dubbi, accontentandomi di intensificare la sorveglianza. Mi spinsi fino ad origliare alla porta della loro camera da letto.
– Domani si espongono i voti, – diceva Antonio, – non lasceremo papà solo nemmeno per un minuto. Per fortuna non c'è scuola: lo seguiremo dappertutto.
Un buon progetto, giudicai tra me e me, tornando alla mia poltrona. Ma non avevo ascoltato abbastanza. In piena notte – il pendolo segnava le cinque – i due ragazzi si alzarono senza rumore: al buio scivolarono in anticamera, infilandosi il cappotto sopra il pigiama, uscirono sulle scale. Li precedetti con un balzo.
– Dentro! Palletta, torna indietro! – mi ordinò Gian Luigi con un bisbiglio. Ma io già scendevo da un pianerottolo all'altro.
Nell'atrio, dietro la gabbia dell'ascensore, c'è un vano stretto ed oscuro, dove il portiere tiene le scope. Fu lí che i ragazzi si appiattirono, tremando di freddo e di paura: di lí si potevano tener d'occhio, alla luce di una debole lampadina, le cassette della posta, allineate sulla

parete di fianco al portone. Io mi accoccolai sullo stuoino davanti alla portineria per salvarmi dal gelo delle piastrelle.
L'attesa fu lunga. Alle sei il portiere tossicchiò nel suo stanzino, uscí ciabattando nell'atrio e andò ad aprire il portone: a quell'ora alza la saracinesca il bar di fronte, e il portiere non può cominciare le pulizie se prima non ha messo il naso nel profumo del caffè espresso. Il portone rimase aperto e incustodito. La nebbia vi soffiò, gelida e rabbiosa: non potei trattenere un miagolio. Immaginavo quei poveri ragazzi, costretti da un'ora a starsene immobili nel vano, soli col loro freddo e la loro paura.
Li immaginavo abbracciati stretti stretti, incapaci di aprire bocca, con gli occhi sbarrati. Avrei voluto chiamarli per nome, signora direttrice, per far loro coraggio:
– Antonio! Gian Luigi!
Una voce stridula e spaventata scendeva per la tromba delle scale:
– Antonio! Gian Luigi!
Riconobbi la voce del professore Martini: doveva aver scoperto l'assenza dei figlioli, chissà quali terribili pensieri gli si agitavano in petto.
Ecco il suo passo precipitoso. È stata la porta

aperta a guidarlo per le scale: i ragazzi debbono essersi dimenticati di richiudere. È al primo piano, lo sento. Sono balzato sulle mie quattro zampe, in allarme. Che faranno i ragazzi? Usciranno piangendo ad abbracciare il babbo o fuggiranno a perdifiato su per le scale?
Il professore è agli ultimi gradini. In quel momento Antonio balza dal suo nascondiglio con un urlo:
— Attento, papà! Ti spara! Ti uccide!
Un giovinetto è entrato furtivamente nell'atrio, è fermo davanti alla cassetta della posta, con una busta in mano. Vorrebbe voltarsi e scappare, ma Antonio gli si lancia addosso furiosamente e lo getta a terra! Il professore è rimasto immobile un istante: ora corre verso i due che si accapigliano sul pavimento, li separa, li rimette in piedi. Nessuno dei tre apre bocca. Nel silenzio si ode un pianto sommesso, disperato. È Gian Luigi, il coraggio gli è mancato all'ultimo minuto.
— Gian Luigi, l'abbiamo preso! — grida Antonio trionfante.
— Gian Luigi, dove sei? — chiamò a sua volta il professore. — E tu Antonelli, che cosa fai qui? Che cos'è quella busta?

Gliela strappò di mano, l'aprí nervosamente, lesse.

— Guarda, guarda, — disse soltanto, — roba da cinematografo. Lo dico sempre che a voi ragazzi dovrebbero proibire di andare al cinema. Su, vieni di sopra. E voi due (anche Gian Luigi era uscito dal nascondiglio, senza asciugarsi le lagrime) su, davanti a me.

I tre ragazzi salirono lentamente le scale a testa bassa. Io corsi davanti a loro ad accomodarmi sulla mia poltrona per assistere agli sviluppi della situazione.

«Ora viene il bello», dicevo tra me.

Il professor Martini, nella vita familiare, è uno specialista della cioccolata. Quella mattina ne preparò una tale quantità che i ragazzi ne dovettero bere tre tazze a testa: e guai a ribellarsi.

Il povero Antonelli non levava il naso dalla tazza. Poteva avere sedici anni, ma quella mattina sono sicuro che avrebbe preferito non averne piú di quattro e trovarsi all'asilo, su un cavallo a dondolo.

— E cosí, invece di preparare i compiti preparavi il piombo? Ma bene, ma bene. In pillole o in polvere?

– Ma io non...
– Si capisce che non volevi sparare. Volevi fare come al cinema. E poi, come sapevi che ti avrei dato quattro in matematica? Infatti te l'ho dato, guarda. Però sono sicuro che puoi arrivare al sette, e forse anche all'otto. Tu non te ne sei accorto, ma hai il bernoccolo della matematica. Spero che te ne accorga abbastanza presto. Prima della fine dell'anno. Lo sai che la matematica era anche la mia bestia nera, da piccolo. Per tre anni di fila ho dovuto fare gli esami di riparazione. Alla fine odiavo tanto la matematica che mi misi a sbranarla addirittura. Ed eccomi professore, di matematica per l'appunto.
Il professore continuò per un pezzo a versare cioccolata nelle tazze e a chiacchierare. Aveva proibito alle donne di casa di entrare nella sala e parlava, parlava, parlava. Parlò anche di me, chiamandomi, come al solito, con quel buffo nome che io non accetto: Palletta.
Il primo a ridere fu Gian Luigi. Dopo un poco anche Antonio sorrise. Finalmente anche Antonelli alzò il capo: non sorrideva, ma era chiaro che la cioccolata era stata di suo gusto.
– Santo cielo, – esclamò il professore, – i tuoi

non sanno dove sei. Bisogna avvertirli, che non stiano in pensiero. Ci penso io —. Andò in anticamera a telefonare, lo sentimmo parlare a voce bassa.

Antonelli approfittò dell'assenza del professore per guardarsi attorno. Studiò attentamente il presepio, osservò scrupolosamente l'albero di Natale fino all'ultimo ramicello, ma non disse la sua opinione. Gian Luigi si alzò, andò a spostare di un poco i Magi, perché era passato un altro giorno.

In quel momento egli fece una terribile scoperta: la presa di corrente era nell'altro angolo del salotto! Cosí Antonio avrebbe potuto accendere la stella sull'albero, e lui non avrebbe potuto illuminare il presepio!

— Si può portare un'altra presa vicino al tavolino, — osservò Antonelli, — oppure mettere una presa doppia all'attacco dell'albero.

— Una presa doppia? — domandò Antonio.

— Ma sí, costano pochi soldi. Potreste anche avvicinare il presepio all'albero, risparmiereste sul filo.

Che idea! Avvicinare il presepio all'albero, dopo tutta la guerra che c'era stata.

Invece, con mia grande meraviglia, i tre ragazzi si misero subito al lavoro. Pochi minuti dopo il presepe e l'albero formavano un solo paesaggio: l'albero pareva spuntare dalla collinetta dei Re Magi, ed era cosí grande che i suoi rami coprivano fin l'ultimo cagnolino di gesso, in coda al gregge. Un presepio all'ombra dell'albero di Natale!

Il peggio accade dopo quando, rovistando in certi cassetti, Antonio trovò una presa doppia e Antonelli si mise a trafficare dietro ai fili, con un cacciavite. (Si vede che ha anche il bernoccolo dell'elettricità!) Uno, due, tre... Due stelle si accesero contemporaneamente: la cometa del presepio gettò la sua luce rossa sugli apparecchi a reazione: la stella dell'albero palpitò, azzurra e magnifica, come una insegna al neon che si accende e si spegne, e i pastori che guardavano in alto parevano pieni di meraviglia.

E il professor Martini? Possibile che una telefonata duri tanto? Macché telefonata: eccolo là che mette il naso dentro la porta e sorride. Il suo sguardo paterno riposa sulle tre teste vicine, arruffate e buone.

Io solo mi sono accorto del professore e gli strizzo l'occhio.

E lui mi risponde, signora direttrice: il professor Martini che strizza l'occhio al gatto Palletta. Si è mai vista una cosa simile? Mi creda, è la pura verità.

La stella Gatto

In quel tempo, a Roma, diverse persone andavano via con i gatti. Pensatori che, a causa delle automobili, non trovavano piú la quiete per pensare; vecchi che avevano delle storie da raccontare, ma nessuno li stava a sentire e in casa per loro non c'era piú posto; donne rimaste sole in un appartamento vuoto: pigliavano su e sparivano. Di loro non si sapeva piú nulla. Erano andati via con i gatti.
Come facevano? Questo si è saputo dopo, col tempo. Era una cosa molto semplice. Si faceva, piú che altro, in piazza Argentina.
Questa piazza è fatta cosí: tutt'in giro ci sono strade, palazzi, automobili, filobus, chiasso, ma in mezzo alla piazza c'è uno spazio dove stanno alcuni gloriosi ruderi romani, le rovine di due o tre tempietti, mezze colonne rovesciate,

praticelli, qualche pino, qualche cipresso. E i gatti. Non ci possono andare le automobili, là dentro e laggiú, nei sotterranei ombrosi, sotto i portici antichi. È come un'isola serena in mezzo al mare del traffico, da cui la separano una cancellata e pochi gradini. Si scendono quei gradini e si è in mezzo ai gatti.

Sono molti, di tutte le razze. Ci sono giovani cuccioli che giocano ad acchiappare lucertole e vecchi gattoni che dormono tutto il tempo e si svegliano solo quando arrivano le «mamme dei gatti», coi loro cartoccetti di avanzi per la cena.

Ogni gatto si sceglie il posto che piú gli piace, si infila in una nicchia, si allunga ai piedi di una colonna, si acciambella sui gradini di un tempio.

Quelle persone scendevano i gradini, scavalcavano la bassa cancellata, diventavano gatti e cominciavano subito a leccarsi le zampe.

La gente che passava e guardava, mettiamo, dal finestrino di un filobus, vedeva soltanto gatti. Poteva distinguere quello con un occhio acciaccato da una sassata, quello che aveva perduto un orecchio in battaglia, il grigio, il rosso, il tigrato, il nero.

Ma non sapeva che tra quei gatti c'erano dei gatti-gatti, nati di padre gatto e di madre gatta, e

dei gatti-persone che prima, nel mondo di su,
erano stati funzionari al ministero delle Poste,
capistazione, conducenti di autotreni o di tassí.
Veramente un modo per riconoscerli ci sarebbe
stato. Per esempio, quando arrivavano le
«mamme dei gatti» c'erano dei gatti che si
precipitavano a disputarsi le frattaglie, le teste di
pesce, le croste di formaggio, e questi erano i
gatti-gatti. Ce n'erano altri che invece, senza
parere, davano prima un'occhiata ai brandelli di
giornale in cui quegli avanzi erano stati avvolti.
Leggevano un mezzo titolo, dieci righe di una
notizia strappata sul piú bello, guardavano la
fotografia di una principessa che si sposava.
Cosí, mettendo insieme le loro osservazioni, si
tenevano al corrente delle cose del mondo di
prima, sapevano quando il governo voleva
aumentare le tasse e se era scoppiata in qualche
posto una nuova guerra.
In quel tempo andò via con i gatti anche la
signorina De Magistris, una maestra in pensione
che non riusciva piú ad andare d'accordo con
sua sorella e se ne andò via, lasciandole anche il
suo amato gatto, che si chiamava Agostino. La
signorina De Magistris, nella sua lunga vita,
aveva insegnato a leggere a migliaia di bambini e

aveva avuto decine di gatti, ma tutti di nome
Agostino, perché cosí si era chiamato il suo
primo gatto, morto sotto il tram, e lei non lo
aveva mai dimenticato. Successero tante cose, tra
i gatti, dopo l'arrivo della signorina De
Magistris.

Una sera essa spiegava le stelle al signor
Moriconi, già netturbino ed ora gatto nero con
stella bianca sul petto. Altri gatti-persone e non
pochi gatti-gatti seguivano le sue spiegazioni,
guardando per aria quando lei diceva:

— Ecco, là, quella è la stella Arturo.

— Ho conosciuto uno che si chiamava Arturo, —
diceva il signor Moriconi, — si faceva sempre
prestare i soldi per giocare al lotto, ma non ha
mai vinto.

— Vedete quelle sette stelle là, là e là? Quella è
l'Orsa Maggiore.

— Un'orsa in cielo? — domandò, scettico, il gatto
Pirata, un gatto-gatto soprannominato cosí
perché, come molti pirati della storia, era cieco
da un occhio.

— Anzi, — rispose la signorina De Magistris, — ce
ne sono due: Orsa Maggiore e Orsa Minore.
Anche di cani ce ne sono due: Cane Maggiore e
Cane Minore.

— Cani, — sputò Pirata, con disprezzo. — Bella roba.
— Ci sono molte altre stelle con nomi di animali? — domandò il signor Moriconi.
— Moltissime. Ci sono il Serpente, la Gru, la Colomba, il Tucano, l'Ariete, la Renna, il Camaleonte, lo Scorpione...
— Bella roba, — ripeté il Pirata.
— Ci sono la Capretta, il Leone, la Giraffa.
— Ma allora è proprio un giardino zoologico, — commentò il Pirata.
Un altro gatto-gatto, tanto timido che balbettava, soprannominato Zozzetto («zozzo», a Roma, vuol dire «sudicio»; ma Zozzetto non era sudicio per niente, si lavava venti volte al giorno; valli a capire, i soprannomi...), Zozzetto, dunque, domandò:
— E c'è... cecè... c'è pu-pure il Ga-gatto?
— Mi dispiace, — sorrise la signorina De Magistris, — il Gatto non c'è.
— Fra tutte quelle stelle che si vedono, — fece il Pirata, — non ce n'è una sola che porti il nostro nome?
— Nemmeno una.
Ci furono dei mormorii di disapprovazione e di protesta.

– Buona, questa...
– Scorpioni, millepiedi, scarafaggi, sí; gatti, niente...
– Contiamo meno delle capre?
– Siamo i figli della serva, noi?
Ma l'ultima parola, per quella sera, toccò al Pirata: – Non c'è che dire, gli uomini ci vogliono proprio bene. Quando ci sono da pigliare i topi, micio di qui, micio di là, ma le stelle le danno ai cani e ai porci. Mi caschi anche l'occhio buono se da oggi in avanti tocco piú un topo.
Passò qualche tempo. Ed ecco che un giorno il signor Moriconi lesse in un pezzo di giornale odoroso di baccalà un titolo che diceva: «Gli studenti occupano l'uni...».
In quel punto il giornale era strappato.
– E che cosa mai avranno occupato? – si domandò ad alta voce.
– L'università, – gli spiegò la signorina De Magistris, che, essendo stata una maestra, sapeva tutto. – Non erano contenti di qualcosa e, in segno di protesta, hanno occupato l'università.
– Ma occupato come?
– Penso che sia andata cosí: sono entrati, hanno chiuso le porte e hanno cominciato a fare dei

comunicati ai giornali, per far sapere che cosa vogliono.
— E... ecco — balbettò Zozzetto, emozionatissimo.
— Ecco, e poi? — borbottò il Pirata.
— Ma sic... sicuro, È co-cosí che do-dobbiamo fa-fare!
— Che cosa c'entriamo noi con l'università?
— Ma pe-per la ste... la ste...
— Ho capito, — interpretò il Pirata, — gli uomini non ci danno una stella, noi in segno di protesta occupiamo... Già, che cosa occupiamo?
La conversazione diventò ben presto un tumulto. Gatti-gatti e gatti-persone, afferrata l'idea di Zozzetto, discutevano con entusiasmo il modo di metterla in pratica.
— Bisogna occupare un posto in vista, che la gente se ne accorga subito.
— La stazione!
— No, no, niente disastri ferroviari.
— Piazza Venezia!
— Cosí ci arrestano perché intralciamo il traffico.
— La cupola di San Pietro!
— Sta troppo in alto, un gatto, là in cima, bisogna avere il binocolo per vederlo.

Anche stavolta l'ultima parola toccò al Pirata.
– Il Colosseo, – disse. E subito tutti capirono che quella era l'idea giusta, che il Colosseo era il posto giusto da occupare.
Il Pirata prese subito il comando delle operazioni: – Noi dell'Argentina siamo pochi. Bisogna avvertire anche i gatti dell'Aventino, del Palatino, dei Fori, quelli del San Camillo...
– Sí, quelli! Quelli non vengono, mangiano troppo bene.
Il San Camillo è un ospedale. Nei padiglioni ci stanno i malati, nei praticelli e nei cespugli che circondano i padiglioni ci stanno i gatti. All'ora dei pasti essi si schierano sotto le finestre, anche un quarto d'ora prima, e aspettano che i malati gettino loro gli avanzi del pranzo e della cena.
– Verranno, – sentenziò il Pirata.
Difatti, vennero. Durante la notte vennero da tutta Roma, dai ruderi e dalle cantine, dai luoghi illustri pieni di storia e dai vicoli pieni di immondizie, vennero da Trastevere e da Monti, da Panico e dal Portico d'Ottavia, da tutti i vecchi rioni del centro, dai villaggi di baracche della lontana periferia, a centinaia, a migliaia, vennero i gatti e occuparono il Colosseo. Ogni arcata, ad ogni piano, era occupata da una densa

fila di gatti a coda ritta. Ce n'era una fila
compatta in cima, sulle pietre piú alte. Erano
visibili a occhio nudo e a grande distanza.
I primi a vederli furono gli operai e i garzoni
dei bar, che sono i primi ad alzarsi, a Roma. Poi
li videro gli impiegati statali, che vanno in
ufficio alle otto (poi dicono che i romani sono

dormiglioni...). In pochi minuti si fece una gran folla intorno al vecchio anfiteatro. I gatti stavano zitti zitti, ma la gente no.
– E ched'è? 'Na gara de bbelezza?
– È 'na parata: ha da esse la festa nazionale de li gatti.
– Anvedi quanti. Mo' telefono a casa pe' fallo sapere ar mio: quanno so' uscito, dormiva ancora. Ce vorrà vení lui puro.
Alle nove arrivò il primo gruppo di turisti. Volevano entrare al Colosseo per visitarlo, ma l'ingresso era ostruito, tutti gli ingressi erano occupati dai gatti, non si poteva passare.
– Fia, fia, pestiacce! Noi folere fetere Coliseo.
– Prutti catti, pussa fia!
Qualche romano ci si offese: – Brutti gatti? Sarete belli voi! Ma senti 'sti pellegrini!
Volarono parole grosse, stava per scoppiare una rissa tra romani e turisti, quando una signora turista gridò:
– Pravi! Pravi micini! Fifa i catti!
Il fatto è che un momento prima la signorina De Magistris aveva dato il segnale, e i gatti avevano spiegato e ora facevano sventolare una grande bandiera bianca su cui avevano scritto: «Vogliamo giustizia! Vogliamo la stella Gatto!».

Romani e turisti, affratellati da una bella risata, applaudirono fragorosamente.
— E che, — gridò un vetturino borbottone, — nun ve abbastano li sorci, mo' ve volete magnà puro le stelle!
La signora turista, che era una professoressa di astronomia e aveva capito di che si trattava, spiegò la questione al vetturino. Il quale borbottò, convinto: — Be', cianno ragione puro loro, povere bbestie.
Insomma, fu una magnifica occupazione e durò fino a mezzanotte. Poi le varie tribú dei gatti si dispersero, a passi felpati, per la capitale addormentata.
La signorina De Magistris, il signor Moriconi, il Pirata, Zozzetto e tutti gli altri gatti-gatti e gatti-persone dell'Argentina sfilarono silenziosamente per via dei Fori, piazza Venezia, via delle Botteghe Oscure.
Zozzetto, per la verità, aveva qualche dubbio:
— Ma o... ora la ste... stella ce ce la da-danno o no?
Disse il Pirata: — Calma, Zozzetto, Roma non è mica stata fatta in un giorno. Adesso sanno che cosa vogliamo, sanno che siamo capaci di occupare un Colosseo. La cosa deve fare la sua

strada, poco alla volta. Se ci danno la stella Gatto subito, bene. Altrimenti avvertiremo i gatti di Milano, e loro occuperanno il Duomo; prenderemo contatto con i gatti di Parigi, e loro occuperanno la Torre Eiffel. Eccetera, mi sono spiegato?

Zozzetto, invece di rispondere, fece una capriola: a fare le capriole non balbettava mica. Il signor Moriconi, però, aggiunse: — Bene. Ma poi che non facciano scherzi. La stella Gatto ce la debbono dare che sia proprio sopra la piazza Argentina, altrimenti non vale.

— Sarà cosí, — disse il Pirata. E come sempre l'ultima parola fu la sua.

Indice

Fiabe lunghe un sorriso

Le fiabe di Lino Picco

p. 9	La macchina per fare i compiti
12	Il trenino
15	Il signor Boemondo
18	La casa del signor Venceslao
21	La pianta Paolino
25	L'omino della pioggia
27	Il biglietto numero 13
31	Storia dello zio Barba
33	I baffi del signor Egisto
36	Il naso della festa
38	Una casa tanto piccola
40	Il campanello per i ladri
42	Lo scultore Riccardo
48	Le avventure del vecchio marinaio
54	Il bandito
59	Il mago buono

61	*Il Fante di picche*
65	*La pianta delle pantofole*
67	*La cartella parlante*
71	*Il tetto vagabondo*
73	*Lettera di un ragno al suo padron di casa*
76	*Il Giro del Giardino*
79	*La danza dell'orso*
83	*Il gatto parlante*
86	*Passatempi nella giungla*
89	*Le memorie della luna*
92	*Il fulmine*
94	*Geografia in vacanza*
99	*Le montagne camminano*
103	*La neve*
105	*La rivolta delle macchine*
108	*Il cielo*
110	*Un regalo per le vacanze*
114	*La favola piú corta*
116	*I vecchi proverbi*
119	*Proposte per l'elenco telefonico*
123	*Storielle*

Le favole di Esopino

129	*La volpe fotografa*
132	*La volpe e la coda*
135	*Gli elefanti equilibristi*

138	*Il gatto randagio*
141	*Il cavallo ammaestrato*
144	*L'eredità di Topone*
147	*L'arabo e il cammello*
150	*L'orso pescatore*
153	*Il concerto dei gatti*
156	*L'orso bandito*
159	*Una leggenda egiziana*
162	*La corsa delle tartarughe*
	E per buon peso quattro racconti lunghi
167	*Il padrone della luna*
174	*Farò il pittore*
179	*All'ombra di un albero di Natale*
200	*La stella Gatto*

Einaudi Ragazzi
GOLD

1 Mario Lodi e i suoi ragazzi, *Cipí*
2 Gianni Rodari, *Favole al telefono*
3 Bianca Pitzorno, *L'incredibile storia di Lavinia*
4 Gianni Rodari, *Il libro degli errori*
5 Angela Nanetti, *Mio nonno era un ciliegio*
6 Gianni Rodari, *Fiabe lunghe un sorriso*

Finito di stampare nel mese di settembre 2017
per conto delle Edizioni EL
presso G. Canale & C. S.p.A., Borgaro Torinese (To)